The Mind of Mahamudra

Advice from the Kagyu Masters

大手印之心

噶舉傳承上師心要教授

堪千創古仁波切——選篇者
直貢敬安仁波切——藏譯中者

目錄

英文版總編輯序 4
中譯序 6
英譯者導言 8
1 修證大手印之大根基前行與正行 29
祥尊化身拉日瓦・虛空光 著／旬努拉 輯寫
2 大手印究竟甚深道 65
祥・追扎巴 著
3 大手印備忘錄 207
竹巴・貝瑪噶波 著

4 俱生和合大手印釋解
第三世噶瑪巴・讓炯多傑 著 247

5 了義大手印祈願文
第三世噶瑪巴・讓炯多傑 著 279

6 無垢明燈——最勝闡明大手印究竟義釋論
孜立那措讓卓 著 291

參考書目 359

詞彙解釋 374

英文版總編輯序

看到《西藏經典》（*Tibetan Classics*）系列叢書平裝本之一的《大手印之心》（*The Mind of Mahamudra*）出版，著實令人感到欣喜。《大手印之心》所收錄的六篇譯文，爲讀者提供著名的佛教修證法門——大手印的清晰解說。大手印的核心，在於運用直接的方法讓行者徹見自心本質——超離主體和客體之二元對立及思維概念的本然心。此簡單又深奧的法門是印度和西藏眾多偉大成就者的主要修持。

本書內容出自《西藏經典》叢書系列中的《大手印及相關口訣——噶舉派之核心法教》（*Mahāmudrā and Related Instructions: Core Teachings of the Kagyu School*）。英譯者彼得·艾倫·羅伯斯（Peter Alan Roberts）特別爲本書新著導言，並在每篇譯文的開頭提供導讀。這些加上註解與詞彙等輔助資料，極能幫助一般讀者以一種更深入、更有意義的方式，來學習這些重要的西藏典籍。彼得的高超英譯和嚴謹敬業的態度，使得這本書如寶石般令人讚歎。對此，我要向彼得致上十二萬分的謝意。

同時，我深深感激對本書提供指導與諮詢的堪千創古仁波切，也由衷感謝艾瑞克．卡倫貝爾（Eric Colombel）和察卓基金會（Tsadra Foundation）慷慨贊助這本合集出處《大手印及相關口訣——噶舉派之核心法教》的翻譯工作。此外，我也必須感謝赫胥家族基金會（Hershey Family Foundation）、吳氏基金會（Ing Foundation），以及皮爾．歐米亞和潘媚拉．歐米亞（Pierre and Pamela Omidyar）對西藏經典學院（the Institute of Tibetan Classics）的慷慨贊助。最後但其重要性不亞於前的是，我要感謝提姆．麥克尼爾（Tim McNeill）及其領導的智慧出版社團隊（Wisdom Publications）對於經典叢書系列的專精致力，以及與經典叢書系列長期合作的智慧出版社編輯大衛．克特史東（David Kittelstrom），若非他犀利的編輯，我們書籍的明晰度絕對無法更上層樓。

對於修行道上的諸多探尋者，願此書成爲喜悅和靈性智慧的來源。

圖滇．錦巴（Thupten Jinpa）

西元二〇一四年於蒙特婁

中譯序

《大手印之心》的最初構想是由英文版翻譯爲中文，然顧及到經過兩種語言的轉譯後，難以圓滿表達大手印法教的精深細微之處，故敦請美國岡波巴中心學修兼備、精通漢語的直貢敬安仁波切，爲本書六篇大手印經典之作的藏中譯者，以期如實呈現原著的原意和原味。

此六篇文章的四位作者雖然證悟一致，但讀者不難從字裡行間一窺其不同的修證風格：例如第三世噶瑪巴．讓炯多傑和竹巴．貝瑪噶波善於引經據典，學者風範顯著；祥尊和孜立．那措．讓卓則是從實修出發，理論不多，詞句直白，甚至夾雜地方用語。

除了由藏文直譯爲中文的正文之外，書中其餘的部分，如總序、導言、導讀、註解、詞彙等，都是從英文版翻譯爲中文，但在有需要特別說明之處，則會加入中譯註，或在文尾加上「中譯者持保留意見」的文句，以標註中譯者持有不同看法。此外，爲幫助讀者理解文意，每一個偈文都附上白話中譯。

一般而言，藏文著作鮮少會立段落標題，但爲配合現代讀者的閱讀習慣，故在此參考英文版的作法，加入章節的分段和標題，例如在〈大手印備忘錄〉中加入原文沒有的段次，並將觀修內容分別標示爲三十一個不同的修證。

寄語讀者

這些大手印法教的珍貴之處，在於其與實際修證的緊密結合，昔日大多以師徒一對一的方式祕密傳授，絕對不會公開講述或討論。故在此期盼讀者於聞思其詞句的文義之外，亦能夠在一位具有傳承、實修體證的上師跟前，求得經驗教導，證得眞實內義，這點至爲重要。

致謝

美國岡波巴中心林秀瑛女士爲第一篇及第二篇的中文輸入者，貢確杰哇拉姆爲第三、四、六篇的中文輸入與校潤者。

英譯者導言

本書六篇古文本的主題大手印，是藏傳佛教噶舉派①主要的修持。這些以古典藏文寫作的文章，著述於西元十二至十七世紀之間。

大手印主要是了悟自心本質的一項簡單又直接的方法。西元十世紀時，大手印法門首次出現在北印度；西元十一世紀至十二世紀時，各種傳法途徑經印度人和藏人進入西藏，最後融入噶舉派的傳承中。當今噶舉派首屈一指的大學者堪千創古仁波切精選出十一篇教授大手印的相關著作②，而本書收錄的便是其中的六篇。

噶舉傳承較高階的密續修持有兩個部分：生起次第和圓滿次第③。在生起次第中，行者觀想自己是已獲證悟的本尊，置身神聖的本尊宮殿內，周圍眷屬環繞，其修證主要在觀想、持咒、祈請和供養。行者透過淨觀本尊及其剎土的薰習，將凡庸的感知習氣淨除，開顯一切精神和物質現象④的本俱清淨。

編按：註號○為原註；●為中譯註。

①噶舉派大手印其他重要著作的英譯有：

第九世法王噶瑪巴．旺秋多傑的兩部著作：《了義海》（*Mahāmudra: The Ocean of Definitive Meaning, trans. Elizabeth Callahan*）（Seattle:Nitartha, 2001）和《大手印：除無明闇》（*The Mahāmudrā: Eliminating the Darkness of Ignorance,* trans.Alexander Berzin）（Dharamsala: Library of Tibetan Works and Archives,1978）。

達波．札西．南嘉（Dakpo Tashi Namgyal）的兩部著作：《月光大手印》（*Mahāmudrā:The Moonlight—Quintessence of Mind and Meditation,* trans. Lobsang Lhalungpa）（Boston:Wisdom,2006），以及《大手印指導教本：明現本來性》（*Clarifying the Natural State: A Principal Guidance Manual for Mahamudra,* trans. Erik Pema Kunsang）（Hong Kong: Rangjung Yeshe, 2001）。

亦可參考《直指大道：大手印修證次第》（*Pointing Out the Great Way: The Stages of Meditation in the Mahāmudrā Tradition,* trans. Daniel P. Brown）（Boston: Wisdom,2006）。

②彼得．艾倫．羅伯斯（Peter Alan Roberts）之《大手印及相關口訣：噶舉派之核心法教》（*Mahāmudrā and Related Instructions: Core Teachings of the Kagyu School*）（Boston: Wisdom, 2011），此書涵蓋更多的內容包括：岡波巴的開示集；謝拉．迥內（Sherap Jungné）的《一意》（*Single Viewpoint*）以及將直貢噶舉創始人吉天頌恭的意趣歸納彙整的三篇增補文；第六世夏瑪巴．確吉．旺秋（Chökyi Wangchuk）的那洛六法著作；達波．札西．南嘉（Dakpo Tashi Namgyal）對於密法各個面向和不同層次的廣大論述；第八世大司徒仁波切對第三世噶瑪巴的〈了義大手印祈願文〉的廣解。

③關於此二次第的詳細說明，可見蔣貢康楚的著作《生起與圓滿次第：修證密法的要點》（*Creation and Completion: Essential Points of Tantric Meditation,* trans. Sarah Harding）（Boston: Wisdom,1996）。

噶舉派將圓滿次第分爲兩類：方便道和解脫道。方便道主要是那洛六法⑤的修持，解脫道主要的修持即是本書的主題——大手印。

大手印的藏文發音爲「恰千」（藏文：phyag chen），字面的意思爲「大封印」。大手印傳承大師對它的解釋是：萬法爲佛果所封印，而佛果即是本來圓滿、本俱的眞實本質，所以，此心無可增、也無可減，除了本來具有的，無有其他解脫可得。有個一般的說法是：我們之所以無法證悟大手印，不是因爲它太難，而是因爲它太簡單；不是因爲它太遠，而是因爲它太近；不是因爲它太隱晦，而是因爲它太顯而易見了。

因此，大手印傳統上以「平常心」一詞來表達，證悟無異於是我們已有的心。正如孜立．那措．讓卓（藏文：Tselé Natsok Rangdröl）在本書的文本中，提到行者易犯的錯誤是：「認爲保任自心的平常心還不夠，想要另外尋求某個思維造作的勝妙修證❶。」

眞正的修證是向內觀照，直視自心，沒有思維概念、分別和論斷。自心的眞正本質就在那兒，任何人都可以照見，任何以這種方式觀照的人，絕對能夠照見它——至少在念頭生起之前，也會有剎那的瞥見。修證的主要目的，也就在於去熟悉這個對自心的直接照見。

然而，大手印的修持也會結合一系列漸進式的禪修教授，其中包括基礎的寂止修——以穩固專注力，以及次第的觀察修——以逐步引導行者進入大手印的實際修持。

創古仁波切在許多場合中強調，第十六世大寶法王噶瑪巴日佩多傑（Rikpé Dorjé, 1924–81）

---

④關於更多生起與圓滿次第的內容，可參考蔣貢康楚羅卓泰耶（Jamgön Kongtrul Lodrö Tayé）的《知識寶藏》（*The Treasury of Knowledge*）第八冊之三〈密法修證要素〉（The Elements of Tantric Practice）（Ithaca,NY: Snow Lion, 2008）、第八冊之四〈密傳口訣〉（Esoteric Instructions）（Ithaca, NY: Snow Lion,2007），以及丹尼爾・寇柔（Daniel Cozort）《無上瑜伽續》（*Highest Yoga Tantra*）（Ithaca, NY: Snow Lion,1986）。

⑤更多內容可見收錄於《大手印及相關口訣》第333－72頁之夏瑪巴確吉・旺秋的著作〈甘露精髓〉（The Quintesence of Nectar）；蔣貢康楚羅卓泰耶《知識寶藏》第八冊之三第123－216頁，以及第八冊之四第149－208頁；格藍・慕林（Glen H. Mullin）的《那洛六法的修證》（*The Practice of the Six Yogas of Naropa*）（Ithaca, NY: Snow Lion, 1997）；喇嘛圖滇・耶些（Lama Thubten Yeshe）的《拙火之樂：那洛六瑜伽修行之要》（橡樹林文化，二〇〇七）；張澄基（Garma C.C. Chang）的《那洛六法及大手印法教》（*The Six Yogas of Naropa and Teachings on Mahamudra*）（Ithaca, NY: Snow Lion, 1986）；伊凡－溫茲（W. Y. Evans-Wentz）等所著的《西藏瑜伽及祕密教法》（*Tibetan Yoga and Secret Doctrines*）（London: Oxford University Press, 1935）。

❶見〈無垢明燈——最勝闡明大手印究竟義釋論〉中的八種流失處之一：認為保任自心之平常心無有任何用處，反而欲尋其他作意之賢善修持，為「道之離間流失處」。

曾告訴他：對西方人來說大手印是最有利益的修持，因爲它避開了繁複以及異國文化上的修法。仁波切同時指出，修持繁複的法如那洛六法和閉黑關等，並不會得到任何比大手印還高的成就，那是爲了利益那不相信可以用如此簡單的方法即能證得究竟的人而給予的教授。然而，仁波切補充說明，追加一系列的修持有助於促使行者進步。

印度大手印傳承

「大手印」第一次成爲「佛果」的同義詞，是出現在較高階的密續如《佛頂蓋密續》（*Buddhakapāla Tantra*）當中，而在更早期的佛教文獻中，它有不同的用法⑥。據說開顯《佛頂蓋密續》的是薩惹哈（西元九至十世紀）⑦，而薩惹哈的道歌（梵文：doha，音譯爲「兜哈」）被認爲是大手印傳承的起源，因此薩惹哈被稱爲是大手印的第一位人間導師。

兜哈與印度大手印法教關係密切，爲印度歷代成就者所使用的一種文學媒介。然而，「兜哈」一詞在翻譯成藏文後，卻失去了它的本意。事實上，兜哈指的是一種押韻的對句，著名的例子便是卡比爾（Kabir, 1440–1518）的印度文詩作，其中每組對句都可以是一首獨立的作品。印度詩作會根據其字母長短音節的不同模式，而使用不同的詩節和格律，不像藏文只統整每行的字數。由於藏文中並沒有與「兜哈」相對等的詞，因此「兜哈」的藏文翻譯經常是簡化的翻譯，而非實義上的翻譯。

藏文通常用「庫爾」（藏文：mgur）一詞來指稱與修行有關的歌，因此兜哈及與其相關的以最早期的孟加拉語所作的卡雅帕達（caryāpādas），在藏文中都被稱爲「庫爾」。但這也導致藏文「庫爾」一詞在反向翻譯時變得不精準，包括藏族的民歌等，也被誤譯爲兜哈，因此蒙上一層「證悟之歌」的色彩。

薩惹哈的兜哈是以東方式的雅利安語所寫成，實際上是由不同的記述者以對句的形式寫下的合集。梵文兜哈中的「兜」字，意思是「二」，而兜哈特有的押韻，在翻譯爲藏文後已不復存

⑥例如瑜伽密續於八世紀時傳入西藏，當時大手印一詞指的是全然為觀想之本尊。

⑦關於薩惹哈的深度研究，見克提斯．薛弗（Kurtis R. Schaeffer）的《夢見偉大的婆羅門：詩聖薩惹哈之藏傳佛教傳統》（*Dreaming the Great Brahmin: Tibetan Traditions of the Buddhist Poet-Saint Saraha*）（Oxford: Oxford University Press, 2004）。

在，例如：

Brāhmaṇ to nā jāne to bhed
Ebhāve pāḍ ā hoḥ e catur ved
（只是念誦四部吠陀而不明眞理的婆羅門）

據說，薩惹哈將他的大手印傳承傳給龍樹菩薩，龍樹菩薩是密續大師，但西藏傳統上他的名字是與著名的中觀學派同聲齊名。沙瓦利巴被認爲是薩惹哈和龍樹菩薩的弟子，據說他是來自現今奧里薩地區部族的獵人。根據記載，沙瓦利巴第一次出現在弟子梅紀巴[8]的面前時，他穿著孔雀羽毛裙，隨侍的兩位部族女子正爲他挑出頭蝨。

從梅紀巴開始，我們便有了可信度更高的史料。梅紀巴是印度大手印傳承的主要大師，他跟隨那洛巴學習二十年，據說在五十多歲時開始傳法。他隱居的地方應該是現今比哈爾省和尼泊爾交界的彌薩羅（Mithilā）地區。

來自西藏的馬爾巴・確吉・羅卓（Marpa Chökyi Lodro，通稱爲馬爾巴譯師）從梅紀巴和那洛巴處（956–1040）⑨領受大手印的法教。那洛巴是十一世紀前半期印度最著名的佛教大師之一。在某份第一手資料中，對晚年的那洛巴有著令人驚訝的描述，他不但是肥胖，而且頭髮用指甲花染成紅褐色，還口嚼檳榔地坐在一頂轎子裡⑩。那洛巴的上師是帝洛巴（Tilopa, 928–1009），而我們對帝洛巴的瞭解主要也是透過其弟子的傳奇故事。帝洛巴尤其膾炙人口的道歌是〈恆河大手印〉，因爲這是他在恆河邊傳授給那洛巴的法教⑪。

---

⑧《青史》（*The Blue Annals*）中的日期並沒有註明年份，而魯艾瑞奇（Roerich）在其翻譯中，選擇常用的 1007/10–87，但這些年份並不符合梅紀巴弟子所著的傳記。在金剛手於 1066 年移居尼泊爾之前，梅紀巴理當已經圓寂。

⑨關於那洛巴的更多資料，可參考〔拉舜．仁千．南嘉〕（Lhatsun Rinchen Namgyal）的《那洛巴的生平及法教》（*Life and Teaching of Naropa,* trans. Herbert V. Guenther）（Boston: Shambhala,1986）。

⑩雷諾．戴維森（Ronald M. Davidson），《印度的佛教密法》（*Indian Esoteric Buddhism*）（New York: Columbia University Press, 2003），第317頁。

⑪帝洛巴（梵文：Tailikapāda），《大手印口訣》（*Mahāmudrā Instructions*）。

大手印傳入西藏的歷史

早期傳法

阿底峽尊者從梅紀巴處獲得大手印的法教，而且他獲得此法教的時間必定是在西元一〇四〇年之前，因爲那洛巴的圓寂和阿底峽尊者經尼泊爾前往西藏時都是發生在這一年。阿底峽尊者一〇四二年抵達西藏後，便一直待在西藏直至圓寂，前後共十二年，享年七十二歲。阿底峽尊者將大手印傳授給弟子仲敦巴（Dromtön, 1004–63），然而仲敦巴卻因爲擔心它會在行爲律儀⑫上產生負面的影響，所以便反對將此法教納入噶當派。

馬爾巴・確吉・羅卓（西元十一世紀）⑬是梅紀巴的弟子，而且顯然也是噶舉派的創始者，但是他的大手印傳承被歸類爲次譯派，因爲在初期其他大手印的傳承更爲重要，其中有許多是由金剛手（Vajrapāṇi,b.1017）⑭所開啓。

唐巴・郭・尼魯巴（Dampa Kor Nirūpa, 1062–1102）是持有另一個大手印傳承的西藏人。唐巴・郭・尼魯巴的本名是唐巴・郭（Dampa Kor），在他成爲奪舍法的遷識對境後，便改名爲郭・尼魯巴。唐巴・郭是一位雲遊的行者，他年紀很小的時候前往尼泊爾，之後便一直待在那裡，據說死時才十九歲。當時住在同一個房子裡的，還有一位七十三歲的長者尼魯巴，他是梅紀巴的弟子卡洛巴（Karopa）的學生。尼魯巴藉由奪舍法進入唐巴．郭的身體，令其死而復生。在尼魯巴舊的身體火化後，他便穿上印度的服裝，依著這具年輕藏人的身體前往西藏，同時將名字改爲兩人的合名郭．尼魯巴。之後，他改穿藏人的衣服，傳授大手印法教二十一年，享年四十

---

⑫郭譯師（Gö Lotsāwa），《青史》（*The Blue Annals,* trans. George N. Roerich）（Calcutta:Mot lal Banarsidass, 1949），第844頁。

⑬關於馬爾巴的生年和卒年，不同傳記中有不同的記載。例如，噶托．策旺．諾布（Kathok Tsewang Norbu）根據噶舉派的歷史，以西曆列出馬爾巴生年和卒年的十個不同記載：b.991, 997–1084, 1000–1081/85/88, 1002–81, 1006–94/96, 1011–96, 1012–93, 1012–97, 1021–1109, 1024–1107（出處：《噶托．策旺．諾布合集》中第三冊第640頁《簡明正確的絕對年表》（*Clear Brief Correct Account of a Definite Chronology*））。
馬爾巴的生平故事，主要是透過倉雍黑魯嘎（Tsangnyön Heruka）動人心弦的野史《馬爾巴譯師傳：見一切，成一切》（*The Life of Marpa the Translator: Seeing All Accomplishes All,* trans. Nalanda Translation Committee）（Boston: Shambhala,1982）：亦見瑟辛．達裘（Cécile Ducher）的《打造傳統：馬爾巴譯師的生平故事》（*Building Tradition: The Lives of Mar-pa the Translator*）（Munich: Indus Verlag,2014）。

⑭郭譯師，《青史》，843頁。

歲——這回他辭世的方式較爲傳統。

中期傳法

繼這些最早期的大手印傳法之後，就是所謂的中期傳法。這時，梅紀巴的另一位弟子金剛手扮演著重要的角色。金剛手於西元一〇六六年移居加德滿都谷地，並且跟他的喀什米爾弟子達瑪師利（Dharmaśrī）前往西藏，在昌地給予許多的教法，藏傳佛教的經典中有十一篇著作文本源自於他。金剛手的教法傳承，被稱爲上派或西派大手印傳承，以別於其他兩個大手印傳承——下派和後期傳承。

大手印的下派傳承（或稱東派大手印傳承）始於金剛手的弟子阿蘇（Asu）⑮。阿蘇是生於尼泊爾的婆羅門，據說他曾途經西藏前往中國朝聖，他與一位藏族女子結婚後，便定居在遍玉地區。阿蘇有許多弟子，並且透過他四個兒子中的兩位，建立起大手印的家族傳承。

阿蘇傳授大手印給密勒日巴的弟子惹瓊巴（1084—1161）。惹瓊巴也師從梅紀巴四大弟子之一的羅摩波羅（Rāmapāla），以及梅紀巴七位中等⑯弟子之一的帝普巴（Tipupa）。惹瓊巴將各種教法帶入西藏，甚至將它們傳給自己的上師密勒日巴。惹瓊巴的傳法對竹巴噶舉有重要的影響；竹巴噶舉始於林惹巴（Lingrepa），而林惹巴曾是惹瓊巴的非寺院傳承當中的一名行者。

後期傳法

大手印的後期傳承來自於那波・謝德（Nakpo Sherdé）。那波・謝德是金剛手晚年在尼泊爾的弟子，主要是修持薩惹哈的道歌。

大手印的口訣也在西元十二世紀傳入西藏。一位來自南印度的班智達毗盧遮那羅悉達（Vairocanarakṣita），在北印度跟隨幾位大師學習，其中最有名的是當時最偉大的印度佛法大師阿跋耶伽羅笈多（Abhayākaragupta）。毗盧遮那羅悉達的主要大手印上師，是那爛陀佛學院的偉大學者暨瑜伽士蘇羅波拉（Surapāla），他傳授毗盧遮那羅悉達〈不作意二十六法〉[17]。之後，毗

---

⑮同上。

⑯同上。

⑰此合集的藏文名稱為：*Amanasi skor nyer drug*：其中二十四篇的作者為梅紀巴，剩下二篇的作者為梅紀巴的弟子，見 Toh 2229–54 Tengyur, rgyud, wi, 104b7–177a7。

盧遮那羅悉達成爲一位成就大手印的大師，同時也精通其他密續。他去過西藏很多次，最後在那裡圓寂。毗盧遮那羅悉達譯有許多大手印的道歌和法教，包括梅紀巴的教授。據說他在西藏的弟子包括本書收錄文本的其中一位作者——喇嘛祥（或譯爲祥尊）（Lama Shang, 1122—93）⑱。

噶舉派

噶舉派是藏傳佛教的主要教派之一。噶舉派成立於西元十一和十二世紀間，之後很快便發展爲幾個獨立的分支。

佛教在第七和第八世紀傳入王朝統治下的西藏，這個早期的佛教傳承被稱爲寧瑪派或舊譯派。到十一世紀時，西藏王朝已經四分五裂，個別的藏人開始前往印度尋求西藏沒有的法教，尤其是第九和第十世紀出現在印度的無上瑜珈密續，此後在西藏形成的教派便總稱爲新譯派。

「噶舉」字面上的意思是「言傳派」（或口傳派），它的創始者是馬爾巴，因此馬巴噶舉便成爲所有噶舉派的通稱。馬爾巴多年在印度和尼泊爾尋師求法，特別是在那洛巴和梅紀巴的座下學習。馬爾巴在西藏是一位富有的地主，他的生活方式與其弟子密勒日巴（1040—1123）⑲的苦行形成強烈對比。密勒日巴是藏傳佛教史[20]上最膾炙人口的傳奇人物；十五世紀末時，密勒日巴的傳記和道歌集由倉薩黑魯嘎（西藏瘋行者）（Tsangnyön Heruka, 1452–1507）[21]編撰成書。倉薩黑魯嘎這位非比尋常的編撰者，同時也撰寫了一部廣受歡迎的《馬爾巴傳》[22]。雖然這兩部書都是頗具影響力的傳記，但就歷史的正確性而言，可信度仍然不高。不同於其他早期的傳記將密勒

---

⑱郭譯師，《青史》，844—47頁。

⑲另有不同的年份記載：噶托．策旺．諾布在《簡明正確的絕對年表》中寫的是1028–1111；多傑．哲歐（Dorjé Dzeö）在《一切所需之源的珍寶藏》（*Precious Treasury that Is the Source of All that Is Required*）中寫的是1048–1129；嘉唐巴（Gyalthangpa）在《噶舉的黃金傳續》（*Golden Succession of the Kagyu*）中寫的是1055–1128；佚名作者在《雪佩．多傑的傳記和道歌》（*Biography and Songs of Shepai Dorje*）中寫的是1036–1123。

⑳倉薩黑魯嘎的《密勒日巴傳》（*The Life of Milarepa,* trans. Andrew Quintman）（New York: Penguin,2010）；《密勒日巴十萬道歌》（*The Hundred Thousand Songs ofMilarepa,* trans. Garma C.C. Chang）（Boston: Shambhala,1989）。

㉑關於倉薩黑魯嘎更多的資訊，見史提芬．拉森（Stefan Larsson）的《為智瘋狂》（*Crazy for Wisdom*）（Leiden: Brill, 2012），以及安筑．奎門（Andrew Quintman）的《瑜伽士與瘋子》（*The Yogin and the Madman*）（New York: Columbia University Press, 2014）。

㉒倉薩黑魯嘎的《馬爾巴譯師傳》。

日巴描述爲佛的化身，倉雍黑魯嘎筆下的密勒日巴，卻是一個必須克服許多障礙才得以證悟成佛的凡夫，因此他的這部《密勒日巴傳》向來是所有教派行者的勵志書。

密勒日巴終其一生多半獨自在山洞閉關，而他大部分的主要弟子也過著同樣的生活，包括他的大弟子惹瓊巴（1084—1161）[23]。惹瓊巴在噶舉派的歷史中佔有一席之地，因爲他也曾經前往印度，並將包括大手印在內的一些法教帶入噶舉傳承。

第一座噶舉派的寺院是由密勒日巴的弟子岡波巴．索南．仁千（Gampopa Sönam Rinchen, 1079–1153）所創建的，而他又以達波．拉傑（Dakpo Lhajé）而聞名，因此許多起源於岡波巴的支派，便統稱爲達波噶舉[24]。岡波巴原先是噶當派的一位僧人，而噶當派著重在基礎律學和經教的實際運用，比較不強調更高階的密續法教。岡波巴則融合了這兩個明顯對立的傳統，並且創建僧團做爲修持密勒日巴法教的基地，從此奠定了叢林噶舉派廣大興盛的基礎。倉雍黑魯嘎在《密勒日巴傳》的著作中，將岡波巴描述爲密勒日巴如日的主要弟子，惹瓊巴則是密勒日巴如月的次要弟子[25]。

岡波巴以其學院教理的背景，成爲噶舉派中第一位著作豐富的大師。他對道次第詳盡論述的文本《解脫莊嚴寶論》，至今仍是噶舉派修學的重要基礎[26]。

岡波巴的繼承人是他的侄子貢楚（Gomtsul,1116–69）[27]，全名為貢巴．楚誠．寧波（Gompa Tsultrim Nyingpo），他以出任岡波巴寺院的住持，而繼承岡波巴的傳承。岡波巴在貢楚十歲時收養了他，並宣佈他是一位印度班智達的轉世[28]。貢楚後來直接涉入對拉薩政教衝突的化解。他在拉薩重建被損毀的主寺，並建立拉薩地區的律法與秩序。

㉓關於惹瓊巴的更多資料，見彼得．艾倫．羅伯斯的《惹瓊巴傳》（*The Biographies of Rechungpa*）（Abingdon, Oxon: Routledge, 2007）。

㉔關於岡波巴的更多資料，見蔣巴．麥肯錫．史杜爾（Jampa Mackenzie Stewart）的《岡波巴的生平》（*The Life of Gampopa*）（Ithaca, NY: Snow Lion, 1995）。

㉕彼得．艾倫．羅伯斯，《活過的人生．想像的人生》（*Lives Lived, Lives Imagined*）（Boston: Wisdom, 2010），第181—203頁，〈密勒日巴和惹瓊巴傳記之演進〉（The Evolution of the Biographies of Milarepa and Rechungpa）一文。

㉖藏文為 Thar pa rin po che'i rgyan，有若干不同的英譯版本：在主題為道次第的《西藏經典》叢書第十冊中，收錄的是肯恩．荷爾姆斯（Ken Holmes）的英文翻譯。

㉗達采．策旺．嘉（Tatsak Tsewang Gyal）所撰《洛隆佛教史》（*Dharma History from Lhorong*），177—80頁。記載的是土鳥年至鐵牛年（1129–81）；郭譯師在《青史》463—65頁記載的是火猴年至土牛年（1116–69）。

㉘郭譯師《青史》，463頁。

喇嘛祥（1122—93）是貢楚的弟子，他延續其入世的事業，在當地建立了穩固的教權統治。此外，喇嘛祥創建蔡巴寺和蔡巴噶舉。雖然獨立的蔡巴噶舉至今已不復存在，但本書中有兩篇蔡巴噶舉的教言，其中一篇的作者即是喇嘛祥。

十一世紀後噶舉派出現的超過十五個支派，其中流傳至今的主要獨立派別為：噶瑪噶舉、竹巴噶舉，以及止貢噶舉。竹巴噶舉同時以西藏和不丹的傳承流傳下來，其最著名的上師貝瑪．噶波（Pema Karpo），也是本書所收錄大手印著作文本的作者之一。

規模最大的噶舉支派是杜松．虔巴（Düsum Khyenpa,1110–93）所創建的噶瑪噶舉。杜松．虔巴是岡波巴和惹瓊巴的弟子，他是以噶瑪巴為名[29]的持續轉世中的第一位，同時也是當今藏傳佛教普遍存在的祖古❷轉世系統的先驅。在噶瑪噶舉傳承的眾多祖古中，夏瑪巴和大司徒（或譯為泰錫度）的傳承舉足輕重。雖然岡波巴、喇嘛祥和杜松．虔巴都能夠認證偉大上師的轉世靈童，但是第二世噶瑪巴．噶瑪．巴希（Karma Pakshi,1204–83）是首位繼承其前世寺院和權位的人；第三世噶瑪巴．讓炯．多傑（Rangjung Dorjé）是本書所收錄兩篇文章的作者。

至於規模較小、現今仍然存在的噶舉支派中，巴絨噶舉在西藏東北部的果洛地區仍有十多所寺院；達隆噶舉在西藏中部和東部都有主要的寺院和傳承，持續以較小規模的形式流傳。西藏東部的也巴噶舉、雅桑噶舉和綽普噶舉持續保有一些寺院和祖古。瑪倉噶舉目前雖然沒有自己寺院，但它的主要祖古和法教仍然繼續流傳㉚。修賽噶舉已轉變爲寧瑪派的一支，有一所非常著名的尼寺。此外還有依附在噶瑪噶舉之下的蘇曼噶舉和聶多噶舉㉛。香巴噶舉理論上是不同於馬巴噶舉的獨立傳承，因此它可以被歸類爲自成一格的教派，但目前主要是保存於噶瑪噶舉實修傳承的一支。

㉙此主題的更多資料，參見噶瑪．聽列（Karma Thinley）的《西藏十六代噶瑪巴之歷史》（*The History of the Sixteen Karmapas of Tibet*）（Boulder, CO: Prajna Press,1980）。

❷祖古為轉世再來的證悟者。

㉚又稱為瑪巴噶舉（藏文：smar pa），但注意別跟所有噶舉傳承的總稱馬巴噶舉（藏文：mar pa）相混；目前瑪倉噶舉的持有者貢日噶瑪仁波切（Gangri Karma Rinpoche）正在將它重建為一個獨立的支派。

㉛聶多噶舉的法教在寧瑪派白玉傳承（Palyul Nyingma）中，也是不可或缺的精要之一。西元十七世紀時，寧瑪派白玉傳承崛起於西藏東部，依據的是南曲．明珠．多傑（Namchö Mingyur Dorjé, 1645–67）的伏藏法。前寧瑪派的領袖貝諾法王（1932–2009），也是寧瑪派白玉傳承的法主。

致謝

我極爲榮幸能夠參與圖滇．錦巴的這項前瞻性計畫。圖滇．錦巴的才智和發心無與倫比，唯有他自己的耐心能與之匹配。堪千創古仁波切是我這二十年來充滿法喜地爲其翻譯的上師，他親自挑選出這些文本，賜予我這個從各方面來說都是個挑戰的任務。

如果沒有艾瑞克．卡倫貝爾的察卓基金會的善心，我甚至不可能在這條路上邁開第一步。我尤其感謝已逝的琴恩．史密斯（Gene Smith）以及藏傳佛教資源中心（Tibetan Buddhist Resource Center, 簡稱 TBRC，現已更名爲 BDRC）的全體工作人員，他們的恩德令一位翻譯者的工作容易千萬倍。

《大手印及相關口訣》（*Mahāmudrā and Related Instructions*）一書的法文譯者克瑞斯秦．查德（Christian Chartier），對於我在英文翻譯的修訂上，提供極爲寶貴的協助。維也納大學（Vienna University）的甘珠爾和丹珠爾研究資源（Resources for Kanjur & Tanjur Studies）網頁，解開本書首版中某些引言來源的神秘——或者讓我們確立其來源確實神秘。

在許多人的幫助下，現今我才能具備參與這份工作的能力，尤其是開啓我學習藏文之路的阿貢仁波切（Akong Rinpoche,1939–2013）、已故的藏文教師滇巴・嘉岑・那吉（Tenpa Gyaltsen Negi）、教導我梵文和巴利文的牛津大學教授李察・恭伯瑞奇（Richard Gombrich）。

我還要感謝在諸多章節上直接爲我釋疑的善知識：阿拉賢嘎仁波切（Alak Zenkar Rinpoche）、堪千創古仁波切、朗欽加布仁波切（Lamchen Gyalpo Rinpoche）、詠給明就仁波切、卡爾・布朗赫洲（Karl Brunnhölzl）、莎拉・哈汀（Sarah Harding）、愛渥德・翰寧（Edward Henning）以及洛卓・桑波（Lodro Sangpo）。

同時我也非常感謝能得到艾瑞克・貝瑪・昆桑（Erik Pema Kunsang）先前對孜立・那措・讓卓（Tselé Natsok Rangdröl）著作的譯文，這份譯文是我不可或缺的指引。此外，多位學者的著作令我受益良多：亞歷山大・伯金（Alexander Berzin）、修伯特・德克里爾（Hubert Decleer）、伊麗莎白・英格里胥（Elizabeth English）、大衛・噶睿（David Gray）、克里斯多弗・林德楞（Christopher Lindtner）、丹・馬汀（Dan Martin）、克提斯・雪弗（Kurtis Schaeffer）、安筑・史奇爾頓（Andrew Skilton）、高崎直道（Jikido Takasaki）以及津田眞一（Shinichi Tsuda）。

特別地，我要感謝大衛・克特史東帶著助手李・果思—威爾森（Lea Groth-Wilson）和蘿拉·康寧翰（Laura Cunningham）編輯我的文章，完成這項無人豔羨的工作。尤其要感激我的內人愛蜜麗·鮑爾（Emily Bower），感謝她持續的支持、鼓勵和智慧。

1

修證大手印之
大根基前行與正行

祥尊化身拉日瓦虛空光 著／旬努拉 輯寫

導讀

〈修證大手印之大根基前行與正行〉為大手印前行和正行之早期教示。前行為藏傳佛教所有教派重要且普遍之修持。相較於其後之前行教法，此文相對簡約，例如並不特別強調修法之累進計數；其正行教示為安住於自心之平常狀態之直接和簡要口訣，並未闡述如後期大手印著作中次第修證之漸進道。

關於此文的輯寫者旬努拉（西元十三世紀人），我們知道的不多。此文標題顯示其內容源自蔡巴噶舉之創始人祥尊（1122–1193），亦即本書下一篇文章之作者。旬努拉為邦匈拉日寺的一位僧人，他是邦匈拉日寺的創建者拉日巴南開維（亦即虛空光）的弟子。

頂禮一切上師諸聖眾
法界離戲大樂體性中
大悲事業普現有情眾
加持勝力解脫所調者
頂禮上師殊勝大珍寶

諸乘極頂正法精華露
歷代言傳聖眾善逝跡
怙主親授導引所調道
遵循上師教誡而書之

我頂禮一切上師聖眾

從法界離戲、大樂的體性當中，
您的大悲事業普現於有情眾的面前，
您的加持勝力解脫您所調御的徒眾，
我頂禮珍貴的上師。

此所有法乘的極頂、正法的精華露、
歷代言傳聖眾的所留下的足跡、
怙主親授導引所調徒眾的正道，
我如實的將上師的教誡書寫下來。

吉祥法王拉日巴①口訣之重點，乃揭示大手印於掌中之方便法、播種於具根弟子眾之釋解、一切達波噶舉祖師②遺留之父產正法，以及赤裸直指心性寶，並令加持留植，俱生證量由內湧現之殊勝密道。今述此傳承之前行與正行講解：

具格上師對所調化之弟子，首先以鋪陳三種戒律爲基礎，再授權灌頂使其心續成熟之後，親授如上直指之釋解。勝寶上師如是教授：

吾等今獲得暇滿人身寶，五根無缺陷，且能自主把握時，必當成辦一究竟安樂事。欲成辦此事應習正法，欲習正法需兼具圓滿虔信，欲令虔信生起，則需思維輪迴過患、死亡無常。

往昔凡有出生者無不歷經死亡，將出生者亦同，今安住之眾亦不能免，無人可避之。出生始起必有死亡，此乃法爾無常之性相。經云：

「於此世間或善趣，若有出生未死亡，
汝有真實現見否？僅依聞思令生疑③。」

（在這個世間或更高的善趣當中，
如果有出生而不死的，
你眞的見過嗎？光是聽到這樣的說法都會令人懷疑。）

凡諸聚合終將死亡，實乃可怖之相，而此非遙不可及，可能隨時降臨於吾等，毋庸置疑。明晨來臨期間，是否仍能生還，無人可以確定。導師寂天菩薩云：

「勿思今日非死期，而現安樂喜住狀，
吾終消逝成無有，毋需置疑必現之④。」

（別自我安慰今日不是自己的死期，
自己死亡隕歿的那天，無疑一定會來。）

如上述了解確信吾等必將死亡，僅不知死亡期限。勿思年輕力壯而無死期，一般而言，瞻部洲壽命無定期：有些死於嬰兒階段，有些死於孩童階段，大多數在壯年時成群死亡；僅少數年邁

①即拉日瓦虛空光，他是本文的輯寫者旬努拉的上師。
②亦稱為達波拉傑或達波仁波切。
③馬鳴菩薩《除憂經》33a6。
④馬鳴菩薩《除憂經》2:59, 6a6。

而亡。尤其於此五濁惡世之時，壽已濁、人壽命短，無法逾越六十，此乃必然結果。如是之故，吾等不知死期何時，明天、後天或來年？千想萬想都未想及，驟然瞠目而死，此乃實爲可怖之事。

《月炬賢女經》云：

「誰知明日死期至，從今勤奮修勉行。
於此死神及部眾，不待吾等講情面⑤。」

（誰會知明日就是死期呢？所以，今天就應當勤奮修行。死神和他的部眾是不會跟我們講情面的啊。）

我等從母胎出生始即邁向死亡，日日漸近，終將至於面前，但我無力令其停留。昨日無常已是今日，今日無常已邁向明日；上月無常已成過去，去年無常已過一年；不知不覺中，我等生命驟然已逝。經云：

「猶如奔騰洶湧水，一旦流逝不復返。
人之生命亦同此，死後無人得復生⑥。」

（奔騰洶湧的河水，流逝之後就不再回來。人的生命也是這樣，死後沒有人可以復生。）

又云：

「相好圓滿莊嚴相，金剛身亦現無常，猶如無心芭蕉樹，其他身相毋需言⑦。」

（就連相好圓滿、莊嚴具足的能仁佛陀也示現涅槃，猶如空心芭蕉樹的其他身相，那就更不用說了。）

清淨圓滿正覺之大能仁佛陀，往昔歷代上師成就眾，皆現善逝涅槃。吾等仍舊抱持希望有何

---

⑤《聖妙夜經》（或《佛說善夜經》）。
⑥《法句經》1:33, 209b2，旬努拉可能改寫過或引用不同譯文。
⑦馬鳴菩薩《除憂經》33b3。

益？此乃眾皆必經之道，吾亦無法戰勝死亡。即便口齒雖伶俐，也無法辯解而免死；財富受用雖廣大，亦無法欺詐行賄而避死；堅固城屋無勝擋死。青春漏盡順緣逝時，任何作爲都無濟於事。即便有人懇求：無汝不成祈盼望留住。但時已至，無法留住片刻、即將逝去，終捨經年積聚之一切財富，隻身前往就死。導師寂天云：

「設得多利養，長時享安樂，
死如遭盜劫，赤裸空手還。⑧❶。」

（就算是你資財無數，長期享受著安樂，
但死時就像是遭盜賊洗劫一般，赤裸空手的獨自離去。）

當吾人赤裸空囊爲繩子所捆綁，腐爛發黴終而被丟棄，其狀實爲恐佈。常思死亡，還有安忍之片刻嗎？親眷雖多，也無法代替前往。死期無法耽延，親朋好友亦不能伴吾同行或代替之，只能如抽絲撥繭般被挑出，立即獨自前往。死期至時，汝所積聚之財富無用，汝之親朋眷眾完全無法相助，往昔豐功偉績亦無用，此生所有功勛無助，只能捨棄今生順緣所擁之一切，獨自承擔成熟之業力而前往，此乃吾人必將面對之事實。《入行論》云：

「臨終彌留際，眾親雖圍繞，
命絕諸苦痛，唯吾一人受。
魔使來執時，親朋有何益？⑨❷」

（臨終彌留的時候，雖然有眾親友圍繞在身邊，但命終的種種苦痛，只能獨自一個人承受。閻羅王的使者來抓時，親朋好友又有何用處呢？）

故思必定死亡，僅不知何時，吾等無暇放逸懈怠。死亡時，除正法外，再無任何能利己之事，故當精勤修證學習正法。

或有人不明其理而思忖：「即使精勤修法，但死亡仍將現，姑且不論何時，死亡僅是先後而

⑧《入行論》6:59,16b7。
❶如石法師譯文。
⑨《入行論》2:41–42, 5b2。
❷如石法師譯文。

已，何需痛定沉思？」因此而放任此生、任意而爲，其實非眞知者也。無死並非事實，惟死亡有樂苦之殊別相。彼等未曾修習佛法，大言不慚地說死亡只是先後之別者，於死亡境前，何曾見樂者？

死後亦非無再生，因此若未修證淨障者，則將生於惡趣，所受之痛苦是無可言喻、無法思議。寒熱地獄之痛苦無量：熾熱地獄中，身體承受劈、剁、焚、燒煮、毆打等難忍之痛苦，而此需尚經多劫承受。寒冷地獄中，身體冰寒至生凍瘡、起泡、龜裂、斷裂等諸苦受。

餓鬼道中，承受飢渴痛苦。經年累月眼不曾見任何飲食，即使看見亦遭他人奪取，或變成膿血。劍雨利刃從天而降，於惡業未盡前，反反覆覆，承受死而復生之無量痛苦。

傍生道中，因愚癡互相咬食，遭受以大吃小、小食大、多數食用少數、少數食多數、弱肉強食之痛苦。若干傍生的樂活則依豢養者而定，人類不在意其身體強弱，如僕役般地驅使、負載重物，或者承受被剃毛、穿鼻、取乳等種種痛苦，長年受驅使奴役，至終又遭殺害。人類舒適幸福取自於傍生，但苦痛則由傍生承受。人類不顧其勞累疲乏而眼現紅眼絲，仍被驅役工作至老，最終又被剁解食用。汝可曾見此痛苦？惡趣之自性即是時時刻刻悉皆爲苦。

三善趣道亦有無量痛苦。天道有墮落之苦：壽盡時，身上之嚴飾皆現舊壞敗損，光芒盡失，並為天道眷眾所棄。天人依神通力得知死亡將現，又觀自身未來將墮惡趣，因而承受難忍之痛苦，猶如置魚於熱沙上。阿修羅道常有戰爭殺戮，恆受無盡砍殺卻又無法勝利之苦。人道於生、老、病、死四大河流中受苦，還有護持現有生計、求不得、怨憎會、愛別離等諸苦。尤其於此五濁惡世，尚需承受著外族侵擾、地方官僚殘暴，以及無盡苛刻之稅徵與使役之苦。如是為彼等痛苦所擾，好也苦，壞也苦；有也苦，無也苦。

凡出生於輪迴，其自性皆為苦，痛苦交替，皆未出苦之性相。慈氏《寶性論》云：

「輪迴苦自性，受者無安樂，此性如同火⑩。」

（輪迴的自性就是苦，輪迴中的受者是沒有安樂的，它的自性如同火一般。）

⑩《寶性論》（或《大乘無上續論》）。此引言雖不在此論中，但可能為 4:50, 69b5 中「無始世生死，波流轉五道。五道中受樂，猶如臭爛糞，寒熱惱等觸，諸苦畢竟有。」之總述。此偈頌體之引言亦不見於藏文大藏經《甘珠爾》或《丹珠爾》。

是故得此短暫人身寶之時內，若未迴遮輪迴過患之敵，未成就任一有義之事，此後難再迴遮，未來亦不知將投生何處。此暇滿人身寶極難獲得，猶如在光滑如鏡之牆面上拋撒豆子，連一顆豆子都極難附著，與之相比，人身寶更難獲求。若在鏡面上拋撒豆子，可有一顆豆子附著鏡面？否也，豆子悉落於地。《入行論》云：

「是故世尊說：人身極難得；
如海目盲龜，頸入軛木孔[11][3]。」

（所以世尊說：人身是極爲難得的；
這就猶如大海中目盲的烏龜，它的頸子伸進軛木中的孔洞一般困難。）

大海中有一軛木四處漂流，時值一烏龜百年從海底探頭出水面一次，烏龜之頭頸恰巧貫穿朽木之孔，其機率甚低，與此相比，人身更加難以獲求。是故，善導師寂天菩薩言：

「暇滿人身極難得，既得能辦人生利，
倘若今生利未辦，後世怎得此圓滿？[12][4]。」

（暇滿人身極爲難得，而我們已得到這個能夠成辦利益的人身，

但如果今生沒有成辦義益，來世能否再獲得此暇滿的人身就很難說了？）

如是講述人身暇滿難得。當有此易毀且短暫之人身時，吾等有望獲得不再流轉輪迴之修證定解，故當行此利己之事，於己有恩、不自欺誑，此甚爲重要。除修法外，更無其他有益之事。習法之初要，需具備戒律，而汝已受戒了。流轉於輪迴與得證正覺佛之根本，取決於自心：不了知心之自性，則流轉於輪迴；了知則成正覺佛。故必需了知自性。不了知自性而感得惡業諸障則需淨障，淨除惡業之首以領受百字明咒之要解，甚爲重要。

因此，應精進修行，可於幽靜處嚴格閉關，或泥封不出而修。坐於舒適座墊上思維：「時光流逝人生無義，吾卻僥倖滿足於至昨日未死，何不於此短暫之剩餘壽命中，成就　番究竟利益之

⑪寂天菩薩《入行論》4:20, 8b6。

❸如石法師譯文。

⑫寂天菩薩《入行論》1:4, 1b5。

❹如石法師譯文。

事？吾發誓將僅餘之短暫生命用於修證眞實教法；以上師三寶爲憑爲證，吾立此重誓。」短暫地觀修死亡無常及輪迴過患，此能利益不受放逸懈怠之擾，有思維之必要。

其次發心，應以一切有情能獲證圓滿正覺而由衷發心：「爲度一切有情獲證圓滿正覺佛果，故觀修百字明咒。」並唸誦「諸佛正法聖賢僧⑬」等發心文三次。

之後，清晰明觀自身爲本尊。自身頂上一肘上方虛空，觀想潔白薄迦梵金剛薩埵，一面二臂手持五股金剛杵於心間，左握銀質鈴於胯間，身戴諸珍寶嚴飾，與智慧尊無別而住。於彼心間蓮花月墊上，一切諸佛聖意之無二本智體性化現、水銀色般潔白亮麗「吽」字，爲利益一切有情而放光照射十方境域，招攝三時一切諸佛聖意之無二本智體性。此體性化爲甘露，由十方境域流降至金剛薩埵之頭頂梵穴，將彼全身注滿。甘露由彼右腿大姆指尖流溢降至自身頭頂，注滿全身。自身之一切惡障猶如墨汁爲清水沖洗，由各腳趾及下門沖涮而出。持誦一千遍左右之百字明咒：

嗡　班雜薩埵薩瑪雅　瑪努巴拉雅　班雜薩埵喋挪巴帝差　遮卓美巴哇　速埵卡由美巴哇

蘇波卡由美巴哇　阿努惹埵美巴哇　薩瓦悉地美札雅差　薩瓦卡瑪蘇札美　積當悉瑞雅

咕汝吽　哈哈哈哈霍　巴嘎溫　薩瓦達他嘎達　班雜瑪美木札　邊孜巴哇　瑪哈薩瑪雅

薩埵阿⑭

持誦完畢時，觀想吉祥金剛薩埵尊融入於己身，消融當下身心鬆坦放任而住。結行以迴向爲印。如是觀修持誦。

一般而言，作爲大修行者，修習善行時需以四座修持。於晨曉時分，或後夜分❺，如是思維：「吾非因睡眠而至寺院，亦非因睡眠至山居處，更非因睡眠而泥封閉關。無始輪迴以來至今癡睡已久，若仍不得滿足，再多一夜之嗜睡亦無法滿足。」應立即起身，修習前述善行至早膳前。用膳時，以清淨迴向增上，並具足飲食瑜伽⑮之行。膳畢，立即上座修持善行至中午，並於午休前迴向。之後，再次上座精勤修證至下午日常供施食子之前。

---

⑬此為眾所周知之祈請文：「諸佛正法聖賢僧，直至菩提我皈依，以我布施等功德，為利眾生願成佛。」

⑭此咒語首次出現於《金剛頂經》（*Tattvasamgraha*）之三種不同版本之一，34a7。

❺夜分三時為初夜、中夜、後夜。傍晚六點到晚上十點是初夜分；晚上十點到凌晨二點是中夜分；凌晨二點到早上六點是後夜分。

⑮於此，進食亦成為一種供養。

然後，盡力行持供施食子、供養三寶等。供施食子完畢，立刻上座精進修習，直至初夜分。再次以清淨迴向祈願增上爲印。中夜分爲長養身體精氣之時段，當具足身要而眠。晨曉再如上精進修持善行。如是於初夜分、後夜分、上午、下午共四座，不間斷地修證，如是經日、經月乃至經年，令此生皆精進於修習善行。此述以四座觀修持誦百字明咒之必要性。

祈請上師爲前行之主要修持，應如是修：晨曉時分即起，觀思死亡無常、皈依發心，並如上觀修百字明咒一百零八遍後，金剛薩埵融入於己。其次，於己前方，以力之所及供養銅製明鏡曼達盤、土製曼達盤、木製曼達盤、或石製曼達盤等，並於曼達盤上佈置二十三點相徵。明觀自身爲本尊，觀想頂上根本上師，再觀於其頂上爲其根本上師，再於其頂觀其根本上師，層層而上至第六佛金剛總持⑯。

觀想虛空所及一切處皆爲上師、諸佛菩薩、勇父空行護法等，此上供之依止處如雲簇擁遍滿。於彼聖眾前發露懺悔：「從無始劫以來至今之一切惡業我皆懺悔，祈汝爲我清淨。」如是思維並懺悔惡業。

坦誠發露懺悔後思維：「我將全部身心交付於汝，一切由汝決定。」如是思維後，以前方曼達盤爲觀想之所緣依止境：曼達盤即大海黃金地基，其上有須彌山王、四大部洲、八小洲、輪王七政寶、開啓地藏寶瓶等八物，日月雙映、大海、島嶼，種種珍寶、各種穀物，駿馬、大象等各種馱乘類，如意牛、沐浴池、無需耕耘之果實，遍滿黃金珍寶、銀、琉璃、綠寶石⑰等種種不同之寶石。並現無量不可思議之供養物：寶傘、勝利幢、旗幡、長旗、各種綢緞嚴飾；鼓、海螺、響鈴、琵琶等種種妙音；色、聲、香、味、觸等五種妙欲；世間珍愛之一切所擁受用，金、銀、綠松石、馬具、錦衣、牛、羊、肉、奶油等遍滿世間而敬獻。尤其觀想每物之數皆化現不可思議量，遍滿虛空而獻供。各種供養天女亦化現無量，個個捧獻供品，種種珍寶堆聚高至虛空，錦衣綢緞光彩燦耀，各種樂器聲悅耳響徹。觀想諸世界遍滿供物而敬獻，無貪著地將自己之身財都供養出去。

---

⑯金剛總持被稱為第六佛，乃是因為在上部瑜伽的五佛部之上所增加的佛；五佛部的部主分別為毗盧遮那佛、不動佛、寶生佛、阿彌陀佛，以及不空成就佛。金剛總持為法身佛的體現，五方佛被認為是祂的化現。

⑰藏文將它定義為河中出現的寶石，這乃是因為一般人認為河水的沖刷能顯發石頭的精髓。此梵文字阿濕摩揭拉婆（aśmagarbha）可以用來指稱不同的寶石，但有一句梵文偈文提到「阿濕摩揭拉婆在紅寶石當中，如同紅葉中之綠鸚鵡。」由此可知阿濕摩揭拉婆即是綠寶石，而綠寶石在梵文中又稱為摩惹揭達（marakata）（藏文：mar gad）。

發自內心深處生起廣大虔信力，其非僅言詞之唸誦，而是由衷誦此祈請文：

「今誠摯祈請予汝，令吾心續之一切惡障，
於此時、此座法、此墊上，當下清淨，於法得嫻熟。
於此時、此座法、此墊上，當下令吾生起殊勝之三摩定。
於此時、此座法、此墊上，當下令吾了證本智，生起慈悲及菩提心。」

（我今誠摯的向您祈請，讓我心續中的一切惡障，
在此時、此座修法、此坐墊上，當下就得清淨，於法得到嫻熟。
於此時、此座修法、此坐墊上，當下就生起殊勝的三摩定。
於此時、此座修法、此坐墊上，當下就了證本智，生起慈悲心及菩提心。）

如是類進推演祈請，再再衷心虔誠地祈請，令上師、諸佛菩薩與虛空中諸本尊皆歡欣微笑。

諸聖眾齊聲而言：

「吾等所行皆為利益有情，於此之前無人如是祈請，令吾等憂戚。
今日兒既祈請，必當加持。」
（我等任務就是要利益有情，但在這之前沒有人這樣向我們祈請，
令我等感到憂戚。今日我兒既然向我們祈請了，我們必定給予加持。）

語畢，諸聖眾身語意三處及全身毛孔，放射大悲自性加持之無量光芒，照射至吾之身語意三門，並感受身語意之一切惡障清淨。再復祈請，諸聖眾因難忍之大悲而加持吾。虛空中諸佛融入上師及傳承祖師眾；上師傳承眾由頂融入金剛總持，逐一相融，終融入於根本上師。一切諸佛體性之根本上師、大珍寶導師，具足威嚴之勝光，以大悲歡喜貌安住於吾之頂上。觀想與上師極爲親近，生起猛烈虔敬心而希冀祈請：

「子不求父則求誰，
父不怙子誰怙之，
當下祈求賜加持。」

（如果孩子不向父親祈求，那還能向誰祈求呢？
如果父親不保護孩子，那有誰會保護呢？
請當下就賜予您的加持。）

合掌於心間，再抬至額間，發自內心至誠祈請呼喚，淚流滿面地誠懇悲呼。

此時根本上師言：「吾乃堪受祈請之勝上師，兒啊！奮力祈請之。」如是思維並殷切祈請，此上座正行以祈請爲主。

修畢下座時，觀想上師大悲力難忍，爲加持吾，上師化光融於己。消融當下，鬆坦身心，自然放鬆而安住。若無散念，盡力安住於無散中。當散念生起時，供獻曼達一次，意緣供獻及祈請如前所述。再修持，安住於空性，生起虔敬心而祈請。修畢時，觀想上師融於己。

噶舉言傳之加持是否流入、修證是否現起等，皆賴於吾等虔敬恭信，應生起虔敬心而悲呼淚湧。無誠信之微弱祈請，其加持亦枯荒而無潤澤，修證僅爲乾澀無覺之修，故當誠懇虔敬悲呼而淚湧。以虔敬心修證爲此傳承之核心，法相亦可稱爲「善巧」，於此安立假名爲「前行」，但實爲最重要之法，故應精勤修證虔敬心，以半月爲期爲善。

正行口訣：

「諸佛三摩定，空性如來述，
了知心本面，他處無能求[18]。」
（如來教示：諸佛的三摩定即是空性，惟有了知自心本面才能證得，除此沒有別處可求得。）

《臨終智大乘經》云：

「證心即本智，無需他處尋，此即最勝修[19]。」
（了證自心，這就是本智，因此無需向他處尋求。這就是最殊勝的修證。）

⑱《現證大日如來續》（*Mahāvairocanābhisambodhi*），169a1。
⑲《大乘聖臨終智經》（*Atyayajñānasūtra*），153a。

假名所謂心、本覺、妄念、念知等名相，實義上指認知而稱爲我，我心、千變萬化此明朗朗之心。因未了知其自性，而流轉於輪迴，故必須了知「心之自性」。了知其自性即爲正覺佛，於法相總名爲智慧，於此安立爲正行口訣，當如是實修體證。

如上所述：生起慈悲心及殊勝菩提心、持誦百字明咒、供獻曼達誠懇祈請等之後，教云：

「虔敬恭信祈請力，清淨自心之混濁⑳，
不以翳障擇察之，無造自然鬆坦住㉑。」

（虔敬恭信的祈請力，清淨了自心的混濁，不以擇察分析來遮障它，不造作、自然鬆坦安住。）

對上師無造地祈請。以虔敬心悲呼淚湧祈請上師。上師於吾生起憐憫難忍大悲心，觀想上師化光融於己身。教云：

「融入當下放任身心鬆坦，自然無造而安住。
不刻意行任何修持，自來清淨之心性，勿令禪定垢染著㉒。」

（融入當下全然讓身心放鬆，自然無造作地安住，不刻意做任何修持。

勿以禪定的垢染，來污染本來清淨的心性，。）

此修非爲得法身、亦非修超思議、也非修空性、非修無生、非爲光明、更非爲修得大手印而修。

當如何修行之？身不動搖、不閉眼。不追尋過去念，亦不迎取未來識，安住於當下不數計，不起任何行相。顯相晴朗朗，本覺空空然，安住於赤裸清晰之平常心。自然而住、不緊提地鬆坦安住。於此不作利害擇別、不作是非疑忌、不隨妄念分別之戲論，應如繩斷落於地之鹽包，堅穩實在安住，或如捆繩斷之麥禾桿，自然鬆散無造而住，如是安住於本初之平常心。前念已逝、後念未起，鬆坦安住於當下。經云：

⑳米覺多傑（Mikyö Dorjé）的《入中論釋論》中，認為此偈文出自祥尊（150b6），同時這兩句中間還有一句：「發起利衆之願心」。

㉑米覺多傑的《入中論釋論》，150b6。

㉒出處不明。

「心無增生心，心之自性即光明㉓。」

（心沒有其他增生的心，心的自性即是光明。）

此心空而朗然清晰赤裸之本質，即所謂「智慧波羅密」或稱「極無住中觀」、「光明」、「大手印」、「大圓滿」、「法身」等。

「現見赤裸勿取之，趣入行境勿遊盪，了見彼性勿遮蓋，即是究竟無造住㉔。」

（在現見赤裸的心性時別去執取它，在趣入行境時別遊盪其中，了見你本性時別去遮蓋它，這就是究竟無造的安住。）

觀待自心赤裸本面，無造鬆坦地安住於無垢本覺之空然本體中。觀修不落入僅住於平等定上之思，安住於自然本初地，因世俗安立名而爲「修」。所謂「修」即述此，亦稱「善行」或「本體」。在本體中無造自然鬆坦而住，於此上若無分別妄念散射，盡力安住於無散。如是安住時，則謂「心」或「本覺」。

若有外騖等種種妄念散射，教云：

「盤詰所縛此心，放鬆解脫毋庸疑[25]。」

（如果能夠將此受盤查詰問所縛的心放鬆，那麼獲得解脫就無庸置疑了。）

無論是向外境散射或向內心散射，若能鬆坦安住於任何所取境之本體上，則散射必將斷滅，自然趣入本無自性之空性，生起清澈證境，如秋日無雲之晴空[26]。勿因安住時長而喜，時短而不樂。大手印乃是遠離破立二相，故述此要。

雖如是鬆坦，但若心未安住而妄念散射，是因仍心未離欲求之修，當捨離刻意有所作爲之心，無論心是否無安住，皆不作破立。教云：

㉓《般若八千頌》，3a3。此版本的引文與標準版本略有不同，標準版本的第一句「故說心即是非心」。

㉔出處不明。

㉕薩惹哈，《道歌寶藏：庶民之歌》，72b4。

㉖「秋日無雲之晴空」指的是雨季過後，空氣中的塵埃被清洗乾淨，而且天空無雲。

「溪流湍急故清澈，擦拭銀鏡故明亮，鬆坦修證瑜伽樂[27]。」

（溪水湍急所以清澈，銀鏡受到擦拭所以明亮，鬆坦修證所以獲得瑜伽大樂。）

無修自然狀態中鬆坦而住。教云：

「此故念覺混濁海，鬆坦安住則清晰[28]。」

（放鬆安住，不做修證。如果能夠鬆坦安住，那麼此混濁的念覺大海就會變得清晰。）

僅此鬆坦一項即足矣：了知鬆坦之上等者生上等修；了知鬆坦之中等者生中等修；了知鬆坦之下等者則僅生下等修。安住於任何所生妄念之本體，為空性口訣之根本。直視驟然生起之妄念本面，鬆坦安住於其性空之體。

妄念再生起時，如前鬆坦安住於其體性。應以時短座多之方式修證。故言：

「時短座中無過失，座多過失不相續[29]。」

（每座法的時間短，所以不會有過失；

修法的座數多，所以過失不會連續。）

於妄念欲動未現起前，鬆坦而住。如是鬆坦，空性法身必現。《律海續》云：

「無造無散自地解，顯相自解大樂界。
鬆坦平常鮮明狀，是為無修之修證㉚。」

（不造作、不散逸，就能自地解脫，
顯相的自地解脫就是大樂界。
鬆坦平常且清新，這就是無修的修證。）

達至妄念勿需捨棄，此念清晰而現爲法身。法身非因修證而來，僅需了知鬆坦則成。

㉗帕當巴桑傑，根據貢噶仁千（Kunga Rinchen）的《開眼》（*Opening the Eyes*），47a5。
㉘出處不明。
㉙帕當巴桑傑，根據貢噶仁千的《開眼》，45a3。
㉚藏文經名為 Sdom pa rgya mtsho'i rgyud，但查無此經。

自心如是鬆坦、無造安住，但心若無法安住而散射妄念時，暫時放下所修，擦拭曼達並供養。如前述，化現不可思議之供養，虔敬誠信悲切祈請直至疲憊。筋疲力盡之下，心無造自然安住。若無妄念散射，則安住於無散體中，如是鬆坦而觀待，於此若呈現妄念紛擾，即爲遮止妄念之過。遮止妄念無法令其覆滅，雖捨但無法棄之，雖制但無法伏之，雖取但無法持守：

「猶如離船之飛禽，於境心亦不收攝；
當如智者牧牛般，瑜伽任意心放鬆㉛。」

（好比是離船的飛禽，不用把趨向對境的心收攝回來；應當如智者牧牛一般，瑜伽士放鬆任心遊行。）

《本智密燈續》云：

「無著自明不執境，安住無礙赤裸覺㉜。」

（安住於沒有執著、自明、沒有所取境、無礙的赤裸本覺。）

遮止妄念必致散射，攝取則必致流失，應任其遊行切勿遮止。一旦無法涉尋可得之所行處，自然回歸彼之體性，故不需特別遮止、攝收、護持、刻意放射，不思不修、無造自然地安住於本初之狀態。

彼時若生起些許妄念，赤裸直視所起妄念：初從何處生，現住何處，終往何處？其形為何，是否為方形、圓形、三角形、或長方形？觀其色為何，是白色、紅色、黃色、藍色、或黑色？住於何處，是否頭頂、顱內、上半身、四肢或全身？赤裸直觀其現下在何處等。

如是對上師生起虔敬誠信，心無造作鬆坦而住。精勤修證心之體性見諦，由內終將現證決定證悟。因此，此自性體無時不在，未證此前之迷亂，現已生起決斷，了知後再無錯謬思維。彼時自心珍寶體性清晰而現為法身，妄念無需捨棄而本地自解，空性不需修證自然本俱。若了知妄念即法性，亦不需從他處尋覓法界體性。如是，紛擾妄念清晰現證法身，乃法性之必然也。此時不需閉眼而修，遮止顯現定為造作之修。眼所現境是顯空雙運、耳所聞是聲空雙運、心為樂空雙運。

㉛出處不明。

㉜《本智密燈續》（*Jnanaguhyadiparatnopadesa tantra*），4a1。

「顯相自性本初即是空，
破除假名空相非真空㉝。」
（顯相的自性本來就是空，
以破除假名所得的空相並不是眞空。）

眼雖見色相，其顯現之當下無有自性可立，故稱「顯空無別」。耳雖聞諸聲，但聲響當下無有自性，故稱「聲空無別」。心雖呈現種種相，但其體自性不成，故稱「覺空無別」。至此，即可稱爲「承續父之產權」，或稱「已得噶舉言傳加持」，或「如同懷擁如意寶」。如是，方可稱爲圓滿報答上師恩德。未獲此證悟之前，當努力精勤修證。

如是恩師時常教授此廣大直指本面法，其後再三反覆教誡我等徒眾，了證勝義❻相續即現證佛果，本面由內清晰現起，再無需上師指認。對上師誠信虔敬，鬆坦安住於無造中。總而言之，此教授即是：

「輪涅諸法根本即自心，故應尋覓彼之自性相。」
（輪涅諸法的根本即是自心，因此應該尋覓心的自性。）

釋迦能仁教法後時期，
十地月光童子尊㉞，
事業化現於吐蕃境，
塔拉岡地㉟現岡波巴，
虔敬道上導引具信眾，
而現無量成就諸弟子，
修士遍滿藏域汝恩澤。

在釋迦牟尼佛教法的後段時期，
十地菩薩月光童子
在吐蕃境化現事業，
而有在塔拉岡地出現的岡波巴大師。
大師引領具信的徒眾行於虔敬道上，
獲得成就的弟子無量無數，
因爲大師的恩澤，藏地得以修士遍滿，

㉝耶些炯涅（Yeshé Jungné），《入大乘瑜伽之法》（*The Methods for Entering the Mahāyāna Yoga*），11b5。

❻無分別最勝聖智所證境界，假名勝義。

㉞岡波巴大師（1079–1153），亦即達波拉傑（意思是「達波來的醫生」），被認為是《三摩地王經》中月光童子的轉世。

㉟岡波巴大師之寺院所在地。此寺為第一所噶舉寺院，成立於一一三七年，當時岡波巴大師約五十八歲。偈文中以塔拉岡地來指稱。

由此上師樹立勝法脈，
實證修行徒眾超思境。

後於拉薩[7][36]、蔡及貢唐地，
殊勝化身士夫祥修尊[37]，
大悲善巧調度具器眾，
皆是由此傳規釋解之，
出現諸多具證勝成就，
修證傳承興盛怙主恩，
由彼上師宏廣此教法。

後至邦匈拉日[38]之寺院，
祥尊化身無比法王尊，
出現無人能勝此上師[39]，

從此樹立了此殊勝的法脈，
實證修行的徒眾不可思議。

之後，在拉薩、蔡及貢唐等地，
出現殊勝的化身祥修尊，
以大悲善巧來調伏度脫那些具有根器的徒眾，
所教授的都是這些的口訣傳規釋解，
許多人因此證得了殊勝的成就。
修證傳承的弘揚是因爲這位怙主的恩德，
將這些法教流傳開來的，就是這位上師。

之後，祥尊化身爲無比的法王尊拉日瓦——
這位無人能勝的上師
來到了邦匈拉日寺，

會聚無餘諸等學子眾，
皆是以此正法開示之。
具證修士自此年年現，
所謂無餘由彼均解脫。
此乃上師實修精華要，
故此所述更勝於其他。

對於會聚於此的每一位徒眾，
他都是用此正法教來進行教授，
自此這裡年年都會出現具證的修士，
他所調教的每一位徒眾都獲得解脫，無一剩餘。
此正法教乃是此上師的實修的精要，
因此它勝過任何其他的法教。

❼藏文原文為「後於拉薩二尊、蔡及貢唐地」，但因偈文字數限制，故於此略去「二尊」；「二尊」之意可見英譯註㊱。

㊱這裡指的兩尊佛像，據說是在第七世紀藏王松贊干布時期由兩位王后迎入西藏。由中國王后所迎入的佛像，供奉在拉薩的主要寺院大昭寺；由尼泊爾王后所迎入的佛像，供奉在拉薩的小昭寺。（中譯者持保留意見）

㊲喇嘛祥（Lama Shang），或稱祥尊。

㊳邦囪拉日（Pangshong Lhari）意思為「草窪聖山」（pasture-basin divine mountain），為旬努拉寺院之所在地。

㊴雖然從行文來看，「此上師」好像指的是祥尊，但藏文原著在附註中說明「此上師」為拉日瓦地南開歐，亦即虛空光大師。

噶舉主要修證口訣法，
法之精要空行之命脈，
反覆獲得上師教授法，
明了於心赤裸之安住，
憂懼遺忘如實書寫之。

因是耳傳勝法口訣故，
書寫必致加持衰損過，
但因虔敬清淨悲心力，
非為己欲故免過患罪。

尊者首徒功德成熟力，
若能維護傳承調御眾，
是因有此無誤親教授，

這是噶舉派主要的修證口訣教法，
它是佛法的精要、空行的命脈。
我反覆的從上師處獲得此教法，
它赤裸鮮明的駐於我的心中，
因爲害怕遺忘，所以我如實的將它書寫下來。

因爲是耳傳的勝法口訣的緣故，
將它書寫下來必定會導致加持的衰損，
但由於是基於虔敬清淨的悲心，
不是爲了一己的私欲，所以這麼做是可以免於過失的。

尊者的首席徒眾若是具有成熟眾生的功德，
以及維護傳承和調御大眾的力量，
這都是因爲有此無誤、正確的教授。

依此必能維護調化之。

雖有慈父大悲力勾攝，
往昔修習業與精進微，
停滯未進無有功德生，
乞士吾當精勤此修證。

書寫若有任何迷失過，
要領未達偏意諸過患，
於彼具相上師為主之，
具足慧眼眾前祈斥忍。

書此集善等空有情眾，
一切無餘修證正法教，

雖然我受到慈父大悲力的勾攝，
但是因爲過去的修習與精進微薄，
我的道業仍然停滯不前，沒有生起任何功德，
因此乞士我必當精勤修證此法教。

我的書寫若有任何過錯，
例如不達要領、偏離教意等，
在以具相的上師爲主的具足慧眼的大眾面前，
我祈請寬恕。

以書寫此文的功德，願等虛空的一切有情眾生，
都能修證此正法教，無一遺漏，

平等法身唯一明點體❽，
祈願此世現證成就之。

對於平等法身的唯一明點，
祈願此生即能現證成就。

吉祥拉日瓦加持傳承未間斷之前行、正行實修體證教法，依據上師珍寶所述無誤而書寫圓滿。

帝哇咕瑪然㊵於邦匈拉日輯寫。

嚏提　芒噶朗

❽此為法身之比喻；「唯一」表「無二」之本質；「明點」並非氣脈明點中之明點。

㊵帝哇咕瑪然（Devakumāra）乃旬努拉之梵名，意思為「童子尊」。

2

大手印究竟甚深道

祥・追扎巴（精進稱）著

導讀

喇嘛祥・追扎巴（1122–93）是早期藏傳佛教[①]中，最令人感興趣也最具爭議性的人物。西元一一五七年，也就是岡波巴大師圓寂五年後，當時密勒日巴尊者的弟子直恭惹巴（Drigom Repa）[②]的傳承中已有高深道行的祥尊，依止了岡波巴大師的侄子暨繼承者貢楚為師，而貢楚只比祥尊年長六歲。

祥尊在鄰近拉薩的蔡地建立一所寺院，因此他所創始的傳承被稱為蔡巴噶舉。祥尊同時繼承貢楚的世俗權責，並且成立一支民兵部隊，在拉薩地區掌權，而這也埋下了與敵對力量作戰的伏筆。雖然祥尊的繼承者得以統治全拉薩一段時間，但蔡巴噶舉傳承最終還是失去其獨立的存在。

此外，祥尊也在噶舉派中佔有重要的地位，因為他是繼岡波巴大師之後，著作等身的最早期噶舉派大師，其中包括幾部傳記，以及一部自述傳記——這在西藏並不常見。由於他涉及戰役，因此並不總是受人青睞，然而他卻是第一個傳續制度下的政教領袖，在西藏史上扮演重要的角色。在〈大手印究竟甚深道〉中，我們可以看見祥尊對心性[3]的勝妙闡述。

---

①達采·策旺·嘉（Tatsak Tsewang Gyal）所撰《佛教史》（*Dharma History*），181—99頁；郭譯師（Gö Lotsāwa）所撰寫的《青史》（*Blue Annals*），711—15頁。亦稱為祥仁波切（Shang Rinpoché）或裕扎巴·旬追·扎巴（Yudrakpa Tsöndrü Drakpa）。

②達采·策旺·嘉所撰《佛教史》，159—64頁。

③近代，祥尊此著作最為人知的版本，是收錄在蔣貢康楚的《口訣藏》中的版本。然而，這個版本有多處文句缺漏，而且有兩頁次序顛倒。所幸目前可在《祥尊合集》中找到此文，而我的翻譯依據的是丹·馬丁（Dan Martin）的收藏，在此要感謝他提供原文。之後，我才知道丹·馬丁也翻譯過此文，他的翻譯發表在《國際佛教研究學會期刊》（*The Journal of the International Association of Buddhist Studies*）中〈西元十二世紀大手印經典：大手印究竟甚深道——祥尊大手印口訣〉（"A Twelfth-Century Classic of Mahāmudrā: The Path of Ultimate Profundity: The Great Seal Instructions of Zhang"）15.2（1992）：243—319頁。

頂禮上師至尊怙主諸聖眾

我向上師至尊聖眾頂禮

三時一切諸佛盡無餘，
灌頂授權大悲勝事業，
諸繩最勝不空絹索④般，
虔敬禮拜具證上師眾。

灌頂授權的大悲事業
如三時的一切諸佛，
攝受眾生如最殊勝的大悲義成羂索，
於此等具證的上師們面前，我虔敬禮拜。

勝乘一切經續諸藏典，
精華之要如來諸意趣，
瑜伽自在心心相續傳，
歡喜輯述無過略要義。

大瑜伽士以心傳心所相續的
一切勝乘經續典藏的精要，
以及一切如來善逝的意趣，
我將歡喜無誤的簡略輯述要義。

我雖無有利他解脫力，
追隨正法虔敬具慧眾，

我精進稱雖無利益和解脫他人的能力，
但由於追隨正法虔敬具慧弟子的催請，

弟子催請精進稱名者，
思維或倖利眾遮輪迴。

令我思及這麼做，
或能對眾生的迴遮輪迴有些微的利益。

第一 見諦品

諸佛菩薩無餘出生母，
往昔修習具格聖眾證，
至尊傳承所持意寶藏，
教理口訣無餘精華乘，
究竟了義精要法之身，
自性本體清淨光明界，
不待三時諸佛降臨否，

此出生一切諸佛菩薩的母親，
往昔一切修習具格聖眾的證悟，
至尊傳承持有者的心意寶藏，
一切佛乘教理口訣的精華，
究竟了義的本體法身，
自性本體清淨的光明界，
無論三時諸佛是否降臨，

④絹索為諸佛之加持和大悲的常見譬喻；諸佛以絹索拔濟眾生，使之脫離痛苦。

聖者眾之是否得證悟，
諸佛能仁是否曾宣說，
智者有否釋解意趣境，
然此法性光明離戲淨，
本初任運無有增減住。

無論聖眾是否證得它，
無論諸佛能仁是否宣說它，
無論智者是否解說它，
此遠離戲論、清淨的法性光明，
它原本就任運而住，沒有任何的增減。

世間虛空中成然易毀，
巨火焚燒狂風吹拂滅，
自無量劫承受諸傷害，
虛空無害無變無增減。

世界在虛空中形成，然而容易毀壞
經烈火焚燒和狂風吹拂等所毀。
雖然自無量劫以來一直都有世界經歷壞滅，
但虛空仍不受傷害、沒有變異、沒有增減。

日光本明但為雲所障，
惟當霧盡聚雲消散時，
光明現見似有增減相，

太陽原本是光明的，但因雲的遮蔽而有黑暗，
只要雲霧消散後，光明便出現了。
雖然表面上光明有增有減，

耀日精華何來增減位。
如是安住不變之法身，
除己心外再無有其他。
心現輪涅無餘萬有相，
未證己心顛倒迷妄力，
攪動輪迴情器痛苦現，
通達了證自心即涅槃，
呈現大樂本智無有量。

此故一切皆為自心現，
倘若了知自心法性面，
必然了達有情諸法性，
知此必證涅槃等諸法。

但太陽本體的光明卻無增無減。
如如不動、沒有變異的法身也是如此，
然而，在自心之外別無法身。
輪迴和涅槃的萬相都起現於自心。
眾生因不明自心而產生顛倒迷妄，
導致輪迴中世間和眾生的痛苦；
當你通達了證自心時即是涅槃，
大樂和無窮無盡的本智就會呈現。

因此，一切都是自心所現。
如果認出了自心本性，
你必能通達一切有情眾生的本性。
了知這點，你就必能了證涅槃和一切萬相。

了知諸法超離三界惑，
一通皆通故而成遍智，
樹根斷除枝葉自然落，
故此首當決斷唯自心。

了知萬法，你就能超離三界的迷惑，
此一通就一切通，成就遍知一切的本智，
樹根斷除後，枝葉便自然枯落，
因此，首先要獲得完全斷定的唯有自心。

一切種子究竟為自心，
一切諸佛菩薩之勝意，
本初無別法身無生住。

此爲一切之種子的心性，
在本初上與一切諸佛菩薩之勝意沒有差別，
它是無生的法身。

非為色法自明體性淨，
形色物量無法立成空，
並非無色依緣諸相現，
非為恆常本質體性空，
亦非斷滅自明本性體，
無有人我擇察無精義，

它不是色法，它自覺、自明，
它並非有：它沒有顏色、形狀和大小；
它並非無：它能依緣而顯現萬相；
它並非恆常，它的本質是空性；
它也不是斷滅，它的本性是不變的自明；
它並非是人我：你無法擇察到它的本體；

亦非無我離戲大權主。

諸邊不成無有任何執，
中觀不立遠離諸相依，
不成譬喻取相離所喻，
亦非無喻彷如虛空體，
不成詞句言語無能詮，
亦非離詞一切言語因。

有無真實以及諸假相，
空與不空息與未止息，
實有戲論以及無戲論，
有所思境以及不可思，
樂苦以及有無緣取境，

它也不是無我：它是遠離戲論的大權主。

它諸邊不成：沒有任何執取，
它中觀不立：遠離一切相依，
它不成譬喻：有所取相便遠離所喻，
它也不是無可譬喻：它猶如虛空；
它不成詞句：言語無法詮釋它；
它也不離詞句：它是一切言語表達之因。

有和無、眞實和虛假、
空和不空、止息和未止息、
戲論和無戲論、
可思議和不可思議、
苦和樂、可緣取和不可緣取、

有無二別有否超思境，
有無寂止有否得成就，
有無清淨是否任運成，
種種詞相如前述無盡，
無論善用甚深犀利詞，
或言種種個別法相名，
然皆無法達到心究竟。

二和不二、思維和超越思維、
寂止和不寂止、成就和不成就、
清淨和不清淨、任運和不任運。
前述的種種無盡詞相，
無論用如何深奧犀利的言詞，
或是種種個別的法相名稱，
你都無法達到心的究竟。

僅管用以甚深擇察智，
或於多劫數中擇察辨，
自性本初終非擇察境，
如是無法了證心究竟。

就算你以極爲甚深的擇察智慧，
在多劫中進行擇察辨析，
你還是無法了證心的究竟，
因爲心的本初自性終究不是擇察的對境。

譬如星曜呈現於海面，

譬如出現在海面上的星宿，

欲用微細絹絲篩取選，
然因星宿無實無所緣，
是故無法執取一星宿。

無論你多麼會用微細的絹絲來篩取，
就連一個星宿你也無法取得，
因爲它們並非是眞實之物。

倘若能以言語力述時，
善名修辭安立非究竟，
還能以意擇察辨析時，
解析雖然甚深非究竟。
若有能見所見二執取，
無法究竟了證無二體，
總攝一切作意皆貪根，
貪根增延輪迴所有相，

當你還能用語言來描述它時，
無論你的辭句有多麼善巧，都不會是究竟。
當你還能以意來擇察辨析它時，
無論你的解析有多麼深刻，都不會是究竟。
當你還有能見和所見的二元對立時，
你就無法了證此無二的本體。
總而言之，作意思維是貪著的根源。
從這貪著的根源衍生出輪迴萬相。

作意空性思維認知想，
無相心思或無願所想，
無可執思或為清淨想，
無生心或無所緣取想，
無有自性遠離戲論想，
思維終非言語思所境，
無造任運而成認知想。

雖言甚深空性成意想，
未能超離執相憍舉心，
貪執諸相墮落低劣地，
低劣業力成熟無間斷。

病根未斷痼疾反復生，

如果你思維：「它是空性」，
或是思維：「它是無徵相、無造作的。」
思維：「它無可執取，是完全清淨的。」
思維：「它是無生的，是不可緣取的。」
思維：「它沒有自性，是遠離戲論的。」
思維：「它不是言語思維可分析的對境。」
思維：「它是無造作、任運而成的。」

無論我們對空性的這些思維有多麼深奧，
卻都還沒有超離執相的傲慢之心。
對思維概念的執著，讓我們墮入低劣之地，
而劣行所造的業力不斷成熟，沒有間斷。

病根若未斷，痼疾就會重複產生，

執見為實作意行者眾，
分別念執痼疾病入亡，
袪除驕慢了知俱生智。

僅為不了義故假名立，
所謂此即究竟勝義性，
我佛能仁亦未曾觀見，
吾更無力堪言宣說此。

此證恰如手指月之喻，
如是了知泛言諸名相，
無法遮障不受言詞過，
是故無需捨詞及擇察，
捨棄了知實義驕慢執，

將思維概念執以爲實的行者，
就仍然會有對世間執著的痼疾。
因此，當袪除驕慢，了證俱生的智慧。

所謂：「這即是了義，這即是眞實本性。」
只不過是假名上的安立，
就連釋迦牟尼佛也未曾見過它，
我更是沒有能力來描述它。

這就好比是以手指月，
如果明白這點，言語名相就不會是遮障，
就能免於言語的過患。
因此，不需要捨棄詞句和辨析，
而是要捨棄對其意義的傲慢執著。

如是呈現自心此法身，
煩惱妄念以及五蘊界，
六入觸等等空有情眾，
外器遍佈土石及樹林；

聲聞緣覺以及菩薩眾，
如來海會無餘皆遍佈，
總攝外內情器諸實物，
一切無有剩餘皆遍滿。

遍然但無能所二偏執，
皆乃唯一權主遊舞戲。

諸星曜宿遍成於海面，

心眞實的本性——法身，
遍佈一切等虛空的有情眾生，
包括他們的煩惱、妄念、五蘊、六根和六塵等，
以及外在情器世界的土石和樹林；

它遍佈聲聞、緣覺，以及菩薩眾，
還有如海眾多的諸佛如來。
總之，它遍佈情器世間的內外一切，
無一例外。

它雖然遍佈，但沒有能所的二元分別，
全都是那唯一權主的遊舞嬉戲。

所有出現在海面上的星曜，

諸星遍海無別難分離；
它們都爲大海所遍佈，也與大海無分無別。

浪濤湧現翻騰於海面，
所有在水面上翻滾的波浪，

浪濤遍海無別難分離；
它們都爲水所遍佈，同時也與水無分無別。

變動陽焰呈現於虛空，
在虛空中變動的海市蜃樓，

空遍諸境無別難分離；
它爲虛空所遍佈，也與虛空無分無別。

黃金所製種種裝飾物，
黃金所製的種種物件，

金遍諸物無別難分離；
它們都爲黃金所遍佈，也與黃金無分無別。

麵糰所成六道形體蘊，
麵糰所製作出的六道眾生的形像，

麵糰遍佈於彼難分別⑤；
它們都爲麵糰所遍佈，也與麵糰無分無別；

---

⑤指繁複的修法儀式中所用的各種衆生造型。最常見的做法是以各種造型的木質模具，印壓在麵糰上，做為修法中各種衆生的代表。

彩虹除空無有其他分，
虛空之外亦無有彩虹，
彩虹即空虛空即彩虹，
無有分別無別無可察。

如是心與萬相無分別，
心與空體亦無分別相。
空與大樂無別平等性，
於彼輪迴涅槃亦無別。

如是遍佈此心大手印，
自性空故無有執取相。
心性本覺明現諸遊戲，
本質無別雙運金剛心，

彩虹除了虛空，便沒有其他的東西，
在虛空之外，也就不會有彩虹。
彩虹即是虛空，虛空即是彩虹，
它們沒有分別，它們的自性了無可察。

同樣的，心與萬相無分別，
心與空也是沒有分別。
空與大樂是無別平等的，
同樣的，輪迴與涅槃也沒有分別。

此遍佈之心即是大手印，
它的本性是空的，因此沒有什麼可以執取。
它的本質是明覺，因此可以明現萬相遊戲。
此本質無別的雙運金剛心、

無量功德之源珍寶心，
任誰無能漏盡或破壞。

虛空藏般心性難奪取，
不染垢障清淨水晶心，
自明自覺猶如明燭心，
自性光明菩提精華心，
恆時無間猶如水流心，
無相可執猶如虛空心；

不住內外本智無礙心，
猶如盛滿清水器皿物，
種種習氣色相顯現心，
即如染污盡拭之明鏡。

此無量功德之源的珍寶心，
任憑誰都無法窮盡或毀壞。

此心如虛空藏般，任誰都無法奪取；
此心如水晶般純淨，垢障無法染著；
此心如燭光般，它可以自明自覺；
此心具有菩提本體，它的自性光明；
此心猶如流水，恆時相續無間；
此心猶如虛空，無任何相可執取；

此心本智無相，不住內外，也出入無礙，
猶如盛滿清水的器皿；
此心如染污盡拭的明鏡，
因種種習氣而呈現出萬相。

第二 擇別輪涅二邊品

如是安住本初之自心，
未悟隨順邪見妄念力，
安立增益我與我所執，
顛倒貪愛之力令煩惱，
極度增盛分別諸妄念。

由彼積業業果成熟力，
流轉無盡輪迴洶濤海，
承受無盡生死諸苦痛，
散亂放逸損惱不間斷；
顯現種種六道諸有情，
各種顛倒邪見習氣障，

如如不動的本初心，
在未了悟前，因爲受到妄念的驅使，
而有假名安立「我」和「我的」的邪見，
顛倒貪愛的力量
令煩惱和妄念更形增盛。

因此累業以及業果的成熟力，
導致在波濤洶湧的輪迴大海中，
承受無盡生死等苦痛，
散亂、放逸和損惱，持續無間斷；
種種六道有情眾生的顯現
各種顛倒邪見的習氣，

覆藏於心分別妄念增，
種種顛倒惡念行持境，
承受各種難忍諸苦痛。
無有間斷週而復始受，
依此感受愚癡更增盛，
未明妄自誇耀及瞋恚，
我慢貪圖欲望慳吝等，
反反覆覆再三擾自心，
嗟呼何人仍信此輪迴。

了證自心究竟本初體，
必能清除邪見烏雲障，
解脫我執煩惱貪愛執，

覆藏在心中，使得分別妄念更形增盛。
種種顛倒惡劣的行徑，
造成各種難忍的苦受，
無有間斷、週而復始，
因而使得愚癡更加深重，
未明了自心而妄自誇耀、
瞋恚、我慢、貪欲、慳吝等，
反反覆覆再三擾亂自心，
嗟呼！有誰還會信任輪迴呢？

當你了證自心究竟的本體時，
邪見的烏雲障礙必定會消散，
你從我執、煩惱、貪愛中解脫，

定能度脱業與諸苦痛，
本初現前安住之法身，
願力增廣利他無勤成。

眞正脫離一切的業與苦痛，
本初如是的法身現前，
你祈願的力量無需精勤就能成辦利他。

因樂道樂果位時亦樂，
超離涅槃緣起性相樂，
因與道路以及熟果苦，
摧滅可怖三界執患苦。
是故逃離輪迴沈溺池，
臻至彼岸涅槃清淨地。

超離涅槃緣起性相之樂，
它的因樂、道樂、果位也是樂；
三界輪迴痛苦多可怖，
它的因、道路、熟果都是苦。
你何不逃離輪迴的沈溺池，
前往涅槃的堅固地呢？

彼人歡喜超離涅槃法，
最初隨學正法於當下，
虔敬之故發心入善行，

那些歡喜於超離涅槃法的人，
他們最初在隨學正法時，
因爲虔敬和發心入善行的緣故，

面雖醜陋諸皆喜嚮往，
善顏入學正法何需言？

雖棄名望眾皆讚頌嘆，
捨棄侍奉眾皆恭敬重，
位居下位眾皆供捧首，
修習雖苦生活安樂適。
雖成貧困受用皆擁有，
衣食無勤自然隨意得，
隻身逃離值遇眾眷屬。
毋需驅除邪魔眾自離，
毋需召請護法天自聚，

雖現貪瞋我慢諸念想，

就算面貌醜陋也會受到眾人的喜愛，
至於那些相好入學正法者那就更不用說了。

他們捨棄名望，但眾人都予以讚嘆，
他們捨棄侍奉，但眾人都恭敬以待，
他們居卑處下，但眾人都捧爲上首，
他們修習雖苦，但生活安樂舒適，
他們雖然貧困，但一切受用豐足，
他們無需努力，衣食自然會有，
他們隻身逃離，卻能會遇眷屬隨眾。
他們不需要驅除，邪魔自動就會離開，
他們不需要召請，護法天眾自會圍繞。

就算是行事欺誑詐騙之人，

行持或以欺誑謀騙術，
聽聞以及諸善誓願行，
功德未有漏失適其度，
享受眾者真實而觀見。

我慢以及平等之煩惱，
僅聞稍作收斂成顯貴，
誓願行持善業諸相法，
諸等功德誓願若未誑，
平實修法眾者何需言。

初學正法即獲諸功德，
精勤修證功德更增越。

具有貪、瞋、我慢等煩惱，
但他們聽聞正法和修善行的功德不會漏失，
仍然享有適如其度的功德利益，
這點我們可以在許多人的身上眞實看見。

至於那些沒有學識但佯裝高尚的人，
他們具有貪、瞋、我慢、捨等煩惱，
但表現出行持各種善業的外相，
若他們能獲得諸等功德不是欺誑之語，
那麼那些平實修行者所獲功德就不必說了。

如果初學正法就能獲得這樣的功德，
那麼精勤修證所獲的功德就更難思議了。

無人空谷密林山崖窟，
無有矯作行持心鬆坦，
不需觀待蒙恩甚愉悅，
不受識譭如獸行進樂。

清淨賢善戒衣暖而美，
無貪知足財物無漏盡，
安忍鎧甲厚實且堅固，
精進駿馬奔馳迅猛速。

具足加持救怙聖三寶，
方便法要經驗覺受樂，
樂明無念禪定食美味，
自明本覺無垢空光明，

在無人的空谷、密林和山崖窟中，
行爲無矯揉造作，內心鬆坦，
不需要仰賴他人的恩惠，眞是愉悅，
不受他人的譏譭如獸行進，眞是快樂。

清淨賢善之戒律的這種衣服暖而美，
無貪知足的這種財富不會漏盡，
安忍的這種鎧甲厚實且堅固，
精進的這匹駿馬奔馳迅速。

具足加持和救怙的上師和三寶，眞是殊勝
方便法要的經驗覺受，眞是快樂，
樂、明、無念的禪定，眞是美味，
無垢且空的自明本覺，眞是光明，

無基而現萬相實滑稽。
諸顯界中不動心安樂，
受享滿足覺受精華露。
離戲由內現起心清晰，
了知妄念自性得定斷。

權擁本覺寶藏甚富裕，
聲顯法身受用甚歡喜，
權擁幻變聲顯大自在，
降伏邪見魔軍威猛稱。
輪迴深淵救度勇猛力，
利眾自然成就利益事，

無基卻有顯現的萬相，眞是滑稽。

萬有顯相中如如不動，心眞是安樂，
受享覺受的精華甘露，心眞是滿足。
離戲由內現起，心眞是清晰，
了知妄念的本性，心眞是篤定。

任用本覺的寶藏，眞是富裕，
音聲和顯相都是法身的報化受用，眞是歡喜，
駕馭聲音和顯相的變化，眞是大自在，
降伏邪見和魔軍，眞是威猛。

能度脫輪迴的深淵，力量眞是勇猛，
利益眾生的事業自然成就，眞是大有利益，

馳騁大樂荒原速疾勇。

馳騁在大樂的荒原上，真是速疾。

精進修持彼等功德眾，
諸劫無法道盡宣揚盡；
如是精進修證之功德，
獲得暖相⑥徵德無需言。

精進修證的功德，
數劫的時間也無法宣揚道盡；
如果精進修證的功德都如此廣大的話，
那麼獲得暖相徵兆的功德就更不用說了。

神通遊戲宿世通功德，
彼之功德諸劫難道盡；
如此暖相之徵功德力，
現前三身功德何需言。

神通遊戲宿命通的功德，
數劫的時間也無法宣揚道盡；
如果暖相徵兆的功德都如此廣大的話，
那麼三身現前的功德就更不用說了。

⑥這並非字面上的暖熱之意，也不是旃荼梨（caṇḍālī）修成後的暖熱徵兆，而是在修行道上有所進步的一種譬喻。它特別指的是五道中（第二道）加行道中的四位之一；這四位為煖位、頂位、忍位、世第一位。煖位的譬喻取自鑽木取火，未見火出，先得煖相。

超離思詮無上本智等，
宣說諸佛功德難止盡。

諸佛之不可思議的無上本智等功德，
永遠無法宣說道盡。

第三　棄捨事業品

通曉犀利言詞善辯析，
未曾實修於內不生起，
思察終難了證究竟義，
未證究竟習氣無法淨。

無論你多麼精通言詞和辯析，
但若未曾實修，內在就無法生起任何了證；
思維概念難以了證究竟本性，
若沒有了證究竟本性，習氣就無法清淨。

莫貪言詞妄念思所慧，
是故實修領取上師要，
倘若落入說唱鸚鵡聲，
不見自他墮落深淵過。

因此，別貪著言詞妄念上的思慧，
而是要實修從上師處領受的法要；
如果變成像是如鸚鵡學舌一般，
對自他都盲目無知，就有墮落深淵的過患。

實踐修證聖士口訣時，
切勿貪戀身命捨諸事，
不論飢渴餓或傷凍死，
一切猶如夢幻皆應捨。

無視大眾輕賤貶視之，
恆持下位精進修證要；
不捨世間事業罪惡因，
畏懼死亡疑慮餓凍過。

乞士祥名些微之功德，
皆因視己身命如箭靶。
雖捨財富乃至針線物，
卻仍擔憂生計非棄捨。

在實際修證聖士傳授的口訣時，
千萬別貪戀身命，要捨棄種種行事，
無論飢、渴、病、凍，
都要視一切如夢幻，並且應當捨棄。

無視大眾的輕賤或詆毀，
保持謙卑，精進的修證法要；
世間的事業之所以捨棄不了，
乃是因爲畏懼死亡和疑慮餓凍。

我乞士祥有的些微功德，
都是因爲把自己的身命視爲如箭靶一般。
如果你捨棄一切財富，就連針線也捨棄，
卻還在擔憂生計的話，這就不是棄捨。

欲避不悅之心若未捨，
世間事業至死無始盡；
倘若未能盡棄世間欲，
所作徒勞無義成惡因。

想要逃避不悅的心，如果沒有把它捨棄，
那麼世間的事業，你至死都會沒完沒了；
如果沒有能盡棄世間的欲望的話，
你的一切所作都是徒勞無義，反成惡因。

倘若未能盡棄世間欲，
布施雖廣守持律儀行，
供養上師行止幽靜處，
精進禪定覺受增上心，
智慧增上證量高位等，
然諸善行仍徒勞無義。

如果沒有完全捨棄世間的欲望，
雖然你布施廣大，持守戒律，
供養上師，依止於幽靜處，
精進於禪定，有好的覺受，
智慧廣大，具高證量等，
但這些種種善行，仍然是徒勞無義。

未能理解棄捨世間心，
亦未思維天道幸福樂，

如果你不明白如何棄捨世間心，
也不去思維天道的幸福快樂，

此生樂苦心思何需言。

直至分別妄念未漏盡，
待後方行之想怠不斷，
盡捨一切追隨正士行：

嫻熟通達口訣精要藏，
外內魔軍無法撼搖動，
具足表裡一致清淨戒，
穩守隻身遊行於山居，
具足清淨律儀不造作，
利眾心無遠近貪欲執。

為利眾生故發菩提心，

那麼對於此生的樂苦，你更是不會去想的。

在分別妄念未止息之前，
你想著等到未來再修行，因此懈怠不斷，
你應當放下一切，追隨正士而修行：

精進通達口訣精要的寶藏，
外內魔軍都無法撼動，
具足表裡一致的清淨戒律，
在這些得穩固後，你就可以獨自遊於山間，
持守清淨律儀，不矯揉造作。
發心利益眾生，沒有遠近親疏的貪執。

爲了利益眾生而發起菩提心，

修證無有鬆懈緊提行，
飢渴冷熱生命諸障礙，
任何樂苦心無刻意思，
不落顯赫聲望名財祿，
實修教誡所述口訣要。

修持正法，鬆緊都不過度，
對於飢渴、冷熱、生命障礙，
以及任何的樂苦都不刻意去想，
不爲聲望或財祿所誘，
如實的修證所教授的口訣。

第四 闡示漸次道及不同種性品

有情行止無量邊，
根器分別不可思，
修學差別無止盡，
佛述諸乘盡無餘。
總攝可分三士夫，

有情眾生的行狀，種類無量無邊，
根器的種種分別，也是不可思議，
由於眾生的修學差別種類沒有窮盡，
諸佛所教授的法乘也沒有窮盡。
由於眾生修學大小的差別，

修學大小之差別，
漸次行持或利根，
不依次第超越眾。

法乘可按照三種士夫的根器而分爲三類：
漸次修行者、利根者，
以及不依次第超越者。

漸次行者殊勝道，
故是利根顛倒法，
利根眾之殊勝道，
漸次行者顛倒道。

對於漸次行者來說的殊勝道，
卻是不適合利根行者的修法；
對於利根行者來說的殊勝道，
卻是不適合漸次行者的修法。

孔雀美食⑦**即毒藥，**
其他物種食則斃，
孔雀捨毒即死亡。

對於孔雀來說，烏頭毒草即是美食，
其他的物種吃了它就會死亡，
但孔雀捨棄這毒草就會死亡。

---

⑦烏頭毒草是致命的毒藥，但據信它的毒性非但不害孔雀，反而會讓孔雀羽毛的絢麗更加多彩。

魚善居處即是水，
人若入水則死亡，
然魚躍至陸必亡。

能治熱病之藥物，
必害濕冷之疾病，
能治濕冷病諸藥，
尤其傷害熱疾病。

僅為個人階段易，
闡示個別諸法乘：
初劣階段利益法，
殊勝階段反成縛，
殊勝階段利益法，

魚居住的好地方就是在水中，
人或其他物種卻會在溺死在水中，
然而，魚在陸地上必定會死亡。

能治熱病的藥物，
對於有濕冷疾病的人是有害的；
能治濕冷病的藥物，
對於有熱病的人來說尤其不利。

對於同一個人來說，
不同階段所教導的法乘也不同：
初階時有益的教法，
在高階反而變成是束縛；
高階時有益的教法，

初劣階段則成墮。

熱病根因相同故，
病入當下涼湯益，
即將痊癒則勝害。

此故當辨時階段，
認知根器利鈍學，
相互之間不詆譭。

漸次第之士夫眾，
首思暇滿難得身，
怖畏惡趣生悲懼，
思維暇滿身無常，
速向三寶誠皈依。

在初階卻是墮落的原因。

由於熱病和它的根因是相同的，
因此，在初發病時，服用涼湯是有益的，
但當已快要痊癒時，服用涼湯則會有大害。

因此，應當要知道有不同的階段，
以及不同的根器，
不同的法道之間，應當不相互詆譭。

對於漸次修行者來說，
首先要思維暇滿難得的人身，
對惡趣生起悲懼之心，
思維暇滿人身的無常，
迅速向三寶虔誠皈依。

復次八關齋戒持，
其後受持終身戒，
次第沙彌比丘律。
輪迴法生出離心，
依止獲求涅槃心，
具足出離律儀戒，
學習有部經部宗。

復次為斷劣菩提，
心生報恩有情恩，
嫻熟慈心及悲心，
發起殊勝菩提心。

前後正行三加行，

接著，受持八關齋戒，
其後終生受持居士戒，
次第領受沙彌和比丘的戒律。
對於輪迴法生起出離心，
依止獲求涅槃的心，
具足希求解脫的律儀戒，
學習有部和經部的法教。

接著，爲斷除劣等的菩提，
應對有情生起報恩之心，
培養慈心及悲心，
發起求無上菩提的願心。

前行、正行和結行的三個階段中，

所攝六度波羅蜜，
為積二資而攝集，
空性大悲雙運修。

都要修持六度波羅蜜，
以及積聚二資糧。
空性與大悲雙運而修。

嫻熟寂止勝觀定，
善修清淨自心續，
無有己欲利益心，
精勤利他無間斷。

嫻熟寂止與勝觀定，
善於清淨自己的心續，
沒有一己的私欲，
無間斷的精勤利他。

如是修證之士夫，
成就七支勝身⑧故，

如此修證的行者，
爲了成就七支勝身，

⑧達波·札西·南嘉（Dakpo Tashi Namgyal）引用語自在稱（Vāgīśvarakīrti）對七支勝身的說明，可見羅伯斯（Roberts）之《大手印及相關口訣》（*Mahāmudrā and Related Instructions*）書中第609—10頁。簡而言之，此七支是受用、和合、大樂、無自性、大悲、無間斷及無滅。

趣入金剛乘法門，
次第修習四部續。

後至無上瑜伽部，
心續領受寶瓶灌，
清淨守持誓言戒，
修證生起次第道。

其後語之秘密灌，
行持氣脈加持己，
觀思樂空三灌道，
嫻熟究竟第四灌。

略述漸次第行者，

便要趣入金剛乘中，
次第修習四部密續。

修至無上瑜伽部時，
心續要領受寶瓶灌頂，
清淨的持守誓言和戒律，
並且修證生起次第。

然後，接受語的秘密灌頂，
以行持氣脈的力量來加持自己；
然後，觀思修證第三灌頂的樂空，
並且嫻熟究竟的第四灌頂。

我略述漸次修行者的修學，

無法道盡諸種性，
乘次依遁有其義，
約略了解即可行，
亦有無學教學者；

未經灌頂然權擁，
雖經灌頂然未得，
領受灌頂便得之，
未經灌頂則不得，
亦有本初俱灌頂。

如是了知根器種，
適其根器善教授。

然而種性的不同無法道盡：
有些人一定要從初階的法乘次第修學，
有些人約略修學便足夠了，
還有一些人是不需要經過修學的；

有人未經灌頂，但卻擁有灌頂的權授，
有許多人雖受過灌頂，但卻沒得到灌頂，
有人受過灌頂，便得到灌頂，
有人未受過灌頂，也沒得到灌頂，
還有人本初便俱有灌頂。

因此，當了知弟子的根器種性，
給予適如其份的教授。

第五 安住方法品

上等利根器眾者，
身財所擁一切物，
供奉傳承上師喜，
獲俱灌頂得加持。

上等利根的修行者，
應將一切所有身財，
供養傳承的上師，令之歡喜，
領受灌頂，獲得加持。

發心最勝菩提心，
具足本尊瑜伽修，
初始以來勝了義，
即行修證大手印。

發起最殊勝的菩提心，
具足本尊瑜伽的修證，
從一開始便進行勝了義的修證，
也就是大手印的修證。

具足證量精華師，
自身本具此本智，

由具足證量精華的上師，
直接爲他們指出其自身本俱的智慧，

直指釋如掌中寶。
修證雖無能所行，
無修體中不放逸，
過度勤於諸欲求，
遮障任運本智衰。

修證行持大手印，
毋需有所鄭重事，
前後正行三加行，
無有次第或計數，
不計時間或日期，
何時念即鬆坦住。

猶如直指掌中寶一般。
他們應不放逸的持守無修的狀態，
沒有能修和所修；
過度的各種欲求，
會遮障任運的本智。

在修證大手印時，
不需要有確切的計劃，
沒有前、正和結行的階段，
沒有次第，也沒有一定的計數，
不需要計算時間或日期，
任何時候具有正念，便鬆坦安住。

無有初中結尾行，
自心無生無間斷。

猶如翻騰混濁水，
不攪自清明晰住，
妄念障蓋之自心，
無造安住法身明。

無有造作鬆坦住，
勿需勾識放任鬆，
無有欲求坦然住，
不著所境放任行。
勿增諸行住安然，
不尋心之安置處，

自心是無生、無間斷的，
它並沒有一個開始、中間和結尾。

猶如翻騰的混濁水，
不去攪拌，它自會清明寂止；
同樣的，此受妄念所障蓋的心，
不去造作，任其如是，就能夠明現法身。

不造作自心，鬆坦而住；
不控制自心，任其自行，
心無有欲求，坦然空闊，
不住於一境，廣大開闊。
不增益造作，住於寂靜，
不用去尋覓心的安住處，

安住彷彿無依空。

現在未來及過去，
不思念知鮮明住，
妄念散射與否之，
修不作意放鬆住。

總攝無有諸修證，
念知自然放任行，
毋需畏懼任何顯，
法身體中無變異。

念知若能鬆坦放，
明而無念覺受現，

讓心安住，就像無所依的虛空一般。

保持心的鮮明覺知，
不思維現在、未來和過去；
無論是否有妄念散射，
修不作意，自然放鬆安住。

總而言之，不做任何修持，
任由念頭和認知自行。
用不著畏懼任何顯相，
法身中不會有任何變異。

自心若能放鬆坦，
明而無念的覺受就會現起，

猶如清淨虛空住，
此即光明法身體。

如是安住體性中，
或有驟然妄念生，
彼性光明法身外，
勿思別有其他相。

不動清淨之大海，
翻騰起現波濤湧，
彼皆清淨之大海，
實無其他殊別相。

妄念根基即是心，

感覺像安住在清淨的虛空當中，
這就是光明的法身。

像這樣安住在體性當中時，
如果突然有妄念生起，
它的本質除了是光明法身之外，
別認爲它還可以是其他的東西。

這就像是從不動清淨的大海中，
翻騰起現的波濤，
除了清淨的大海之外，
波濤不會是其他的東西。

妄念的根基即是心，

心之性相即明覺，
明覺自性即空體，
空體本質即大樂。

故此心之自性體，
本無有相晦暗障，
假名安立為光明；
覺與空體無有別，
假名安立為雙運。

一切諸法之自性，
即是自心本覺體。
惟此自心本覺體，
無有身相空體時，

心的本性即是明覺，
明覺的本質即是空，
空的本體即是大樂。

所以心的本性，
本來就沒有思維的晦暗障蔽，
我們將它假名安立爲「光明」；
它的明覺與空體無二無別，
因此將它假名安立爲「雙運」。

萬法的自性，
即是心的明覺本體。
心的明覺本體，
沒有身相及徵相，

無身之身殊勝身；
無身法性即為身，
假名安立為法身。

此故妄念之散射，
由彼空性現空性，
法身呈現法身射，
光明散射光明現，
大樂起現大樂射，
雙運起現雙運射，
法界起現法界射，
清淨起現清淨射，
金剛心現金剛心，
菩提起現菩提射。

此無身之身，即是無上的殊勝之身；
由於無身就是萬法自性的身，
因此，將它假名安立爲「法身」。

因此，妄念的起現即是：
空性起現空性，
法身起現法身，
光明起現光明，
大樂起現大樂，
雙運起現雙運，
法界起現法界，
清淨起現清淨，
金剛心起現金剛心，
菩提起現菩提。

未經真實口訣攝，
昔日未修愚癡者，
是否有無散射狀，
是否有無妄念思，
心與法身作二別。

執念為過作斷滅，
欲求無念刻意修，
攪動波浪更顛伏。

遮止妄念求無念，
此為迷亂分別念，
即是法身大晦障。

那些未經眞實口訣攝受，
過去未行修證的愚癡者，
對於念頭的顯現和無顯現，
對於有念和無念，
以及對於心和法身作二分別。

他們視念頭爲過失，認爲應將它遮止斷滅，
爲求無念而刻意修無念，
但這只是在攪動波浪，令它更加顚伏。

以遮止念頭來求得無念，
這就是迷亂的分別念，
這就是遮蔽法身的大晦障。

不欲散射任何念，
欲求無念而安住，
欲求邪魔入體內，
漏盡本初性寶藏。

修此妄念大障者，
攪水求油癡人行，
累劫修行不見義，
此故勿需遮止念。

安住勿需刻意射，
散射亦即法身住，
法身體中無動搖。

不希望有任何念頭散射的人，
他們希求在無念中安住，
然而，這樣的欲求即是一種魔障，
它會將本性的寶藏耗竭漏盡。

修持這種遮止念頭的行者，
就像是想藉由攪動水來求取奶油的癡人，
就算是累劫修行，也不會見到眞諦；
因此，不需要遮止念頭。

若沒有念頭，也不需要刻意散射念頭，
因爲散射也是如如不動的法身，
法身本身是沒有動搖的。

若經上師攝受持，
散射解脫住亦解。
倘未上師攝受持，
散射被縛住亦縛。

故需口訣攝受持，
彼成助伴無庸疑。

不行諸多辨析察，
任其鬆坦放鬆住，
不隨顛倒意識轉，
放任念知隨其性。

不對外境作觀察，

如果有殊勝上師的心性指認攝受，
那麼動念可以解脫，安住也可以解脫。
如果沒有殊勝上師的心性指認攝受，
那麼動念是束縛，安住也是束縛。

因此，一定要有口訣攝受，
如此一來，念頭無疑可以成為助伴。

不多做分析，
鬆坦自然安住，
不追逐外境，
任由心行。

不觀察外境，

即便自心亦不觀，
諸境空體心亦空，
無需感受怖畏懼。
若認此思任何想，
已種貪戀境種子，
出生我慢苗芽執，
增長輪迴樹而亡。
心性本淨而光明，
未被修證晦暗障，
棄捨無勤果必亡。
心性清淨如大海，

就連自心也不觀察，
外境是空，心也空，
因此，沒有什麼可懼怕的。
如果你思維：「這就是了。」
這就種下了貪執對境的種子，
它會生出我慢的苗芽，
並成長爲輪迴之樹，這時便大勢已去了。
心的自性本來就清淨光明，
沒有被修證的晦暗障所遮蔽，
捨棄無勤而進行修證的話，便會喪失成果。
心性清淨如大海，

切勿起現欲求浪，
遮障法身寶必亡。

心性無垢清明鏡，
切勿沾染禪定垢，
無法現見本智身。

心性猶如珍寶珠，
勿令有相泥裹覆，
斷滅如意果必亡。

總攝安住無所思，
無所思維亦無住，
是此非此所思境，

千萬別激起欲求的波浪，
因爲它會遮障法身，而喪失此法身珍寶。

心性無垢清淨如明鏡，
千萬別以禪定予以沾染，
因爲它會讓你無法現見本智。

心性猶如珍寶珠，
千萬別以思維概念的泥予以裹覆，
因爲將它斷滅的話，必定會喪失如意果。

總而言之，讓心安住於無思的狀態，
沒有思維也沒有所住，
「是」或「不是」的念頭，

實乃相依成立執：
倘若是此思不存，
非此思維無可想，

離思體中任其放。
不思住亦不住想，
亦無思維放與否，
思與不思亦不住。

諸皆有否修行之，
行住坐臥諸行等，
言談舉止飲食睡，
本初心攝珍惜持。

其實是相依而成立的執念：
如果沒有「是」的這個念頭，
也就不會有「不是」的念頭。

完全放下，住於沒有思維的狀態。
不去思維「住」或「不住」，
也不去思維「放下」或「沒有放下」，
甚至也不想「思維」或「不思維」。

無論是在做修證，
還是在行、住、坐、臥，
言談、舉止、飲食、睡眠等，
重點都是要以本初心珍重攝持。

第六 經驗覺受品

自心任運此法身，
無造自然鬆坦住，
各種覺受證呈現，
漸次第與頓超者，
利根器者三種述。

自心——此任運的法身，
無造作如是自然鬆坦的安住時，
各種覺受經驗便會起現。
以下按照漸次修行者、不依次第超越者，
以及利根者三種予以闡述。

漸次第者呈現狀，
初始僅呈安住狀，
之後體驗覺受證，
復次證量清明現。

漸次第的修行者的情況是：
一開始只是安住，
接著會有經驗覺受，
然後便會生起清晰的證量。

初始安住狀態間，

在初始的安住狀態中，

彷如陡壁之滾石，
妄念起現無間斷，
無有絲毫修覺受。

感受諸思妄念起，
即是心識些微住；
此前無有安住時，
任隨妄念起現轉，
雖有盤詰未能知。

其後猶如緩流河，
意識減緩少妄念；
終如深廣之大海，
意識不動穩固住。

如同陡壁上的滾石一般，
妄念的起現沒有間斷，
你感受不到絲毫修證的覺受。

你會感受到這些念頭的起現，
這就是因爲你的心能夠些微安住；
之前當你還無法這麼安住時，
你隨著起現的念頭而轉，
對於盤查詰問，你並沒有覺察。

之後，自心猶如緩流河，
心的活動減緩，念頭變得稀少；
最後如同深廣的大海一般，
心不動而穩固安住。

最終呈現經驗受：
猶如清淨之虛空，
覺受明而無念樂；
不受風吹燭火般，
自明自覺無放逸；
彷如沐雨美麗花，
清新鮮艷且明麗；
彷如無雲虛空日，
清晰平等無實物；
彷如盛滿水碗瓶，
無有內外清晰亮。

最後，會有這樣的經驗覺受：
猶如清淨的虛空一般，
覺受清明、無念和大樂：
猶如不受風擾動的燭火一般，
自明、自覺，不散逸，
猶如沐美麗的花雨一般，
清新、鮮活且明麗。
猶如無雲晴天中照耀的太陽，
清晰、平等，無實質性。
猶如盛滿水的碗瓶，
無有內外，清晰透亮。

如此言喻無窮盡，
無基呈現如夢般，
無實呈現如彩虹，
無執呈現如水月。

像這樣言語上的比喻無窮無盡，
〔此經驗覺受〕沒有根基，如夢之顯現，
沒有實質，如彩虹之顯現，
不可執取，如水中月之顯現。

受用虛空之妙欲，
嘗受卻無可享受；
無有享受勝覺受，
遠離諸受趣入之，
未曾受用何需捨。

這就像是在享受虛空的妙欲一般：
雖然有所受用，但所受用的對境卻無實質，
此所受無實的覺受，便是最殊勝的覺受；
遠離一切覺受而趣入，
但既然所受無實，也就沒有什麼好捨的。

第七　無二證量品

如是經驗覺受證，

當你有這樣的經驗覺受時，

證量本智清晰現，
若未現起證量智，
僅善覺受又如何？
猶如未斷之樹木，
之後煩惱痛苦增；
故當珍視證量現。

證量的本智就會清晰呈現。
如果沒有現起證量的本智，
只是有好的覺受又如何呢？
這就像是未斷根的樹木，
之後仍會生出煩惱痛苦；
因此，應當珍視證量的起現。

所現證量此本智，
非有欲求而現之，
非因善察辨析得，
亦非廣聞而了知，
更非擇察眾行境。

證量本智的起現，
決非是透過欲求而起現，
不是透過善於察辨分析而起現，
也不是透過博學多聞而起現，
更不是以理論分析爲方法的人所能理解的。

遮止妄念之無念，

透過遮止念頭所獲致的無念，

雖有高等利益生，
然起大障遮本智。

自然起現證量智，
欲求獲得使起現，
是否善能擇察知，
廣聞或是寡聞者。
智者或為愚昧眾，
經驗體受之好壞，
精勤者或懈怠眾，
任皆無法令呈現；
時宜善巧依上師，
吾等累積福德知。

無論它有多麼高深的利益，
然而，它卻是本智的大遮障。

自然起現的證量本智，
決非來自欲求，
無論是否善於分析、
廣聞或是寡聞、
智慧或愚昧、
經驗覺受之好壞、
精勤或懈怠，
這些都無法令證量的本智呈現。
它來自於對上師適時善巧的依止，
以及自身所累積的福德。

何謂時宜善依師？
具證上師令歡喜，
加持之力令起現。
何謂吾之累積福？
往昔具緣修者現。

是故證量本智體，
依住加持道而入，
具信眾者行持境，
虔敬眾生能現起，
修習眾之證量境，
一切助伴為精進。

具格利根者所見，

「適時善巧的依止上師」是什麼意思呢？
透過令具有證量的上師歡喜，
上師的加持力令證量的本智生起。
「自身所累積的福德」是什麼意思呢？
證量的本智也會因往昔的修學和積資而起現。

因此之故，
證量本智是依住加持道而證入，
它是具信者的行持境界，
它能在虔敬者的內在現起，
它是修習者了證的境界，
而精進乃是一切行者的助伴。

具格利根者所見的智慧，

通曉詞眾難意會，

如是具格聖賢士，
皆成無二證量境。
正等上師加持力，
證量境中現法身，
心性體中現無二，
諸煩惱中現本智，
覺受體中現證量。

猶如甦醒癡夢者，
二執迷顯逝清淨，
無二本智相會覺：

只會通曉詞句的人是難以意會的。

像這樣具格的聖賢士，
都能成就無二的證量，
在正等上師的加持下，
證量境中現法身，
心性體中現無二，
諸煩惱中現本智，
覺受體中現證量。

猶如是從癡夢中甦醒的人，
二執迷亂的顯現完全消逝殆盡，
你在與無二本智相會時覺醒，並且心想：

吾有如是安住狀，
昔日未證今入思，
無二本智歡喜現，
往昔行持生慚愧。
所謂證與未證說，
輪涅界限由此別。
往昔未曾了悟前，
即如行人癡睡夢：
睡中呈現夢境時，
夢中流轉輪迴海，
夢受墮入地獄苦，
夢現厭煩依上師，
夢中修證口訣要，
夢見覺受由心生，

「這無二本智向來都在，
自己過去一直沒有證得，現在已有所悟。
無二本智起現，眞是令人歡喜啊！
自己過去的行爲，眞是令人慚愧啊！
證悟與未證悟，
這就是輪迴與涅槃的分界。
過去在未證悟之前，
我就像是個癡睡做夢的人：
睡中做夢時，
我夢見自己在輪迴海中流轉，
我夢見自己墮入地獄受苦，
我夢見自己因憂煩而依止上師，
我夢見自己修證上師的口訣，
我夢見覺受由自己的心中生起，

光明法身呈現起，
夢見清淨諸妄念。
無有根本後得位，
其後夢中現證量，
於未獲證有情眾，
無緣大悲呈現起，
得獲大印勝成就，
色身任運利他眾。

睡夢剎那甦醒時，
從未承受輪迴苦，
亦未厭煩依上師，
也無修證口訣要，
覺受未曾從心現，

我夢見光明的法身起現，
我夢見妄念的晦暗得到清淨。
我夢見上座與下座沒有分別，
之後，我夢見證量起現，
我夢見對於未獲證悟的眾生，
生起無緣大悲，
我夢見得獲無上的大印勝成就，
並且以應化身任運利益眾生。」

當你剎那間從睡夢甦醒時，卻是：
從來沒有輪迴的痛苦，
從未因憂煩而依止過上師，
也沒有修證上師的口訣，
覺受從來沒有從心中起現，

亦無光明法身現，
未有清淨妄念晦，
亦未安住無念定，
無有本智證量現，
亦無眾生無悲心，
無有菩提無獲證，
無有眾生無事業，
無有真實或虛假，
僅是夢幻相顯現。

能所夢境此輪迴，
從何而來去何處？
捨棄輪迴此涅槃，
從何而來去何處？

也沒光明法身起現，
從來沒有驅除妄念的晦暗，
也從來沒有安住在無念，
沒有本智證量的起現，
也沒有眾生、沒有悲心，
沒有菩提，也沒有獲證，
沒有眾生，也沒有利益眾生的事業，
沒有眞實，也沒有虛假，
有的只是夢幻的顯現。

你所夢見的這個輪迴，
它從何而來，向何處去呢？
你捨棄輪迴而獲致的這個涅槃，
它從何而來，向何處去呢？

如是一切諸夢法，
從何而來去何處？

譬如一國之王者，
安住寶座未動搖。
騎乘幻化之駿馬，
翻越層層九重山，
種種苦樂之覺受，
雖經體歷數年月，
從未寸離彼寶座，
如時未過正午般。
呈現如是證量覺，
廣大智慧剎那間，

如此這般都是夢境的萬法，
它從何而來，向何處去呢？

這就好比是一國之王，
安住在寶座上剎那也未離，
幻想中，他騎乘著一匹駿馬，
翻越層層的九重山，
經驗種種的苦樂，
度過經年累月的時光，
但他卻寸步都沒離開過他的寶座，
甚至連正午都還沒有過去呢。
在證量現前時，
廣大智慧在剎那間，

通達諸法自體性，
亦無獲證驕慢心；
現前無二本初智，
無有現成驕慢心；
解脫三界小乘道，
無有解脫驕慢心。

無二證量剎那間，
決斷顯現聲即心，
現前有相宗⑨乘邊；
決斷心性之清明，

就能讓你通達萬法的自性，
但你不會因獲得證悟而有驕慢心；
無二本智現前，
你也不會因本智現前而有驕慢心；
從三界和小乘道中解脫，
你也不會因解脫而有驕慢心。

在你證得無二的剎那，
你完全斷定顯現和聲音都是心，
有相宗的教義現前；
你完全斷定心性的清明，

⑨有相宗（梵文：Sākarajnānavāda）是唯識宗的一個分支，因主張心識的行相（梵文：ākara；藏文：rnam pa）非空而得名。

現前無相宗[10]乘邊；
了知如幻自本覺，
圓滿幻化宗[11]乘說；
了知幻化即空體，
圓滿極無所住宗[12]。

空體呈現為安樂，
圓滿無二雙運現；
雙運無有作意思，
現前成就大手印；
亦無成現認知想。

如是了證之本智，
非從他處今到來，

無相宗的教義因而現前；
你了知如幻的自明本覺，
因而圓滿通達幻化宗的教義；
你了知幻化爲空，
因而圓滿通達究竟無所住宗的教義。

空以安樂現前，
無二雙運因而圓滿通達；
雙運沒有作意之思，
大手印因而現前成就，
但也不會有「大手印已現前」的想法。

像這樣了證的本智，
並不是從他處而今天來到這裡，

亦非去往任何處，　　沒有任何的去處，
非住任何所處境。　　也沒有任何的住處。

能所證量二本智，　　能證之本智與所證之本智，
融於無念法界體，　　融於無思維概念的法界本體之中，
法界無有驕慢思，　　法界並沒有驕慢的想法，
猶如虛空平等性，　　它的本質猶如虛空的平等性，
一切言思可呈現。　　所有的言語和思維皆可呈現。

---

⑩無相宗（梵文：Nirākārajnānavāda）是唯識宗的另一個分支，因主張心識的行相為空而得名。

⑪幻化宗（梵文：Māyāvāda；藏文：sgyu ma smra ba），或譯幻論、假象宗。西元十二世紀末及十三時紀初月稱論師的著作在西藏傳統中形成主流之前，傳統印度中觀派之幻論（the Proponents of Illusion）和究竟無住（the Utterly Nonabiding）的分派似乎相當普遍；之後，才有中觀自續派和應成派的普及。

⑫無住（或無住處）（梵文：Apratiṣṭha；藏文：rab tu mi gnas）。

正覺體性清淨觀，
了見正覺解脫相。

吾作遊戲嬉樂事，
凡夫眾成疲憊因。

有皆供養聖上師，
無時念知鬆坦住。
此皆次第士夫眾。

頓超者之呈現狀，
安住覺受證量三：
初始證量驟然現，
雖證未穩如波浪，

如實觀照正覺體性，
了見正覺實相，就會獲得解脫。

我當成遊戲嬉樂的事情，
卻是讓凡夫疲憊的原因。

若有什麼，就都把它供養給上師，
若什麼都沒有，就讓心鬆坦安住。
這些都算是漸次的修行者。

頓超者的進展過程，
有安住、覺受、證量三部分：
一開始，證量可能會突然現前，
但證量不穩固，如波浪一般；

時而呈現覺受狀，
時而安住無定性，
高低二受皆覺力。

上等根器利根者，
具足證量上師前，
開示口訣之剎那，
瞬觀自心之當下，
覺受證量安住三，
無修同時而呈現：

覺受雖有增減狀，
證量無變安穩住，
猿猴上下間跳躍，

覺受時有時無，
安住時有時無，沒有定性，
高階和低階的覺受都會出現。

對於上等根器的利根者，
在具足證量上師前，
領受開示口訣之剎那，
或是在瞬觀自心的當下，
覺受、證量、安住三者，
無須修證就能同時呈現：

雖然覺受會有增有減，
但它們的證量保持不變，
這就好比是樹木雖有猿猴上下跳躍，

樹無變動安住之；
彩虹是否有消融，
虛空體性無變異；
浪濤是否有止息，
大海深層無動搖；
自心法身任運成，
任汝覺受隨意行。

雖除覺受苦痛擾，
倘若未與證量合，
如同狂風中明燭，
初修行者墮落亡；
但獲穩固大修士，
利害皆成友伴力。

然而樹木仍然保持不變；
無論虛空是否有彩虹出現，
虛空的體性仍然不變；
無論大海是否有浪濤起伏，
大海的深處不會動搖；
自心乃法身的自然任運，
當任由覺受自然而行。

雖然去除了覺受苦痛的攪擾，
但沒有將之與證量相融合的話，
這就像是狂風中的燈燭，
初階的修行者便會折損墮亡；
然而定力穩固的大修士，
無論利害好壞，一切都是修行的助伴。

初修行者勿畏懼，
明燭初燃點亮時，
微風亦能使其滅，
森林大火熾燃時，
狂風亦成助緣之。

雖起些微證量覺，
未獲穩固大修眾，
當以經驗覺為柴，
助燃證量明燭要，
濕柴過多使其滅。

證量雖成高階狀，
安住經驗未穩固，

初階的修行者不用畏懼，
剛點亮的微弱燭火，
雖然微風也會讓它熄滅，
然而當森林大火熾燃時，
狂風只會讓大火更加熾盛。

對於有些微證量，
但還不穩固的修行者，
應當以經驗覺受的乾柴，
助燃證量的火炬，
然而，過多的濕柴會使它熄滅。

無論你的證量有多高，
但如果你的安住和經驗覺受不穩固，

心尚未獲自主權，
煩惱賊敵束縛亡。

如同珍愛之士夫，
落入敵手為之縛，
雖知回返自家路，
然無自由得返回。

是故堅穩經驗受，
心若未獲自主權，
捨離證量覺而亡。

善言妄稱無罪墮，
務必謹慎諸修士，

心還沒有獲得自主權，
那麼煩惱的賊敵就會擄攫你。

如同受人敬重的士夫，
落入敵手，成爲俘虜，
雖然他知道回家的路，
但卻沒有回家的自由。

所以，要穩固你的經驗覺受，
因爲如果心沒有獲得自主權，
你就會遠離證量而墮亡。

能言善道，妄稱沒有罪墮；
修行者們，請務必謹慎，

妄言違背經驗亡。

第八 行為品

大手印之瑜伽士，
證量猶如如意寶，
覺受經驗光湧現，
行持能力欲求成。

漸次修行之士夫，
趣入密咒道瞬間，
遠離不善思維行，
應於輪迴生出離。

妄稱自己有善的覺受，這是會墮亡的啊。

對於大手印的瑜伽士，
證量就像是如意寶，
湧現出覺受經驗的光彩，
透過行持，一切欲求都能圓滿達成。

對於漸次修行者而言，
一旦在趣入密咒道時，
就要遠離不善的思維，
於輪迴生起出離心。

廣大菩提心穩固，
無有私欲思維行，
為利眾生而發心。

不離本尊佛慢觀，
持誦曼達與供食，
敬獻七支供養[13]等，
布施食子予餓鬼，
水施龍族撫慰之。

有時供奉上師尊，
齋施僧團或薈供[14]，
無有慳吝施貧眾，
修持外內火供[15]施，

志求廣大的菩提，
不是爲了一己的私欲，
而是爲了利益眾生而發起菩提心。

不離本尊的佛慢；
持咒、供養曼達與食子；
修持七支供養等；
布施食子予餓鬼；
以水施來撫慰龍族。

自己有財物時，就供奉上師，
齋供僧團或者舉行薈供，
布施貧者毫不吝嗇，
修持外內火供施，

塑造佛像啟建塔，
救怙生命誦佛經。
總攝生圓行持間，
大悲心起為動機，
除卻善行事業外，

製作擦擦⑯，塑造佛像，啓建佛塔，
救怙生命，念誦佛經。
總之，在修持生起和圓滿次第的座間，
當以大悲心爲動機，
除了善行之外，

---

⑬七支供養為：頂禮支、供養支、懺悔支、隨喜支、請轉法輪支、請佛住世支，以及迴向支。

⑭薈供（藏文：tshogs kyi 'khor lo；梵文：gaṇacakra）：在印度，薈供在屍陀林（墳場）中進行，行者受用五肉五甘露。在西藏，一般的飲食經加持後，行者自觀為本尊並受用。

⑮火供，或譯為護摩（梵文：homa），為婆羅門教和吠陀傳統中的重要儀式，在早期的佛教中並沒有受到重視。有些知名的行者在火供時，將自己的法器拋擲捨棄，代表自己出離為佛陀的弟子。然而，在密續中，對火神阿耆尼的供養，先於對本尊的供養，而所獲致的息、增、懷、誅的成就，取決於不同形狀的爐灶、供品、服裝的顏色等。

⑯擦擦（梵文：sāccha）模製的泥質小型佛塔、本尊像或佛像等。它的藏文拼法和發音有兩種：satsa 或 tsatsa。

不以無記業待之，
不善業行何需言。

嚴謹守持比丘戒，
如同初嫁入門者，
凡所行持不放逸，
所為皆與法相應。

清淨一切外內障，
精勤累積福德業。

隱匿功德私下傳，
藐視業果諸所行，
誹謗世俗善巧法，

從不做無記的行爲，
不善的行爲就更不用說了。

嚴謹的持守比丘的戒律，
如同剛入門的新嫁娘，
小心謹愼不放逸，
一切作爲都與善法相應。

清淨一切外內的障礙，
精勤的累積福德善業。

表面上隱匿功德，但卻私下予以宣傳，
那些藐視業果、
誹謗世俗善巧法的人

猶如無翅之鳥禽，
必墮惡趣懸崖底。
故捨諸細不善行，
善業雖微亦當行。

如是行持諸善業，
無有間斷精勤力，
獲得些許堅穩後，
行持區分外與內：

外合會眾之士夫，
幽靜內行增禪定。
內行覺受增長時，
初修行者未知覺，

就好比是沒有翅膀的鳥禽，
必定會墮入惡趣的懸崖底。
因此，就連最細微的不善行都要捨棄，
最微小的善行也要去做。

像這樣精勤的行持善業，
沒有間斷，
在獲得些許穩定力後，
行持上便可以有外與內的區分：

外在的行持，與大眾和合，
於幽靜處時，則培養禪定的內在行持。
當內在行持的覺受有所增長時，
就要有與之相符的行爲，

任何所增禪定量，
行持應與覺受合。

行持受用五不死[1][17]，
尚應依止五力[18]行，
不捨五種妙欲行，
斷捨貪執成助伴。

農田所種稻穀米，
水肥齊聚而豐收，
瑜伽本智之苗芽，
依止妙欲而增長。

不離無生之覺受，

如此一來，禪定和證量就能增長——
這是初修行者不知之事。

行持受用五不死，
還需要依止五種力量，
不捨五種妙欲來行持，
因已斷捨貪執，故妙欲也成修行上的助伴。

農田所種的稻穀，
因水肥齊聚而豐收，
瑜伽士的本智苗芽，
因依止妙欲而增長。

不離無生的覺受，

任皆無有貪愛執，
六聚自行鬆坦住，
無二證量攝持之。
無有作此非此思，
隨心行持放任之。
無二證量經驗受。

因此對於一切都沒有貪執。
此六識的自然鬆坦，
乃爲無二證量所攝持。
率性而爲，隨心任行
沒有什麼該做、什麼不該做的念頭。
在無二證量的經驗覺受中，

---

❶死亡有五種苦：離愛用、眷眾、親人、身體，以及亡時苦不盡不適意；行持受用五不死指的是其反面，亦即行持受用愛用、眷眾、親人、身體和死亡。

⑰五甘露（藏文：Bdud rtsi；梵文：amṛta）金剛乘中的五內供：人糞、尿液、經血、肉和精液。這裡的藏文採用一種比較迂迴的寫法，字面上的意思是「十無死之一半」，因為amṛta在梵文中的意思是「無死」。（中譯者從本應捨棄的世法貪愛境來解釋，詳見【中譯註❶】）

⑱五力：信力、精進力、念力、定力、慧力。

衣無當穿不穿思，
好壞均可穿著戴；
食無當享不享思，
淨垢均皆享用食，
無念本智增廣之。

口無當言不言思，
彷彿胡言亂語之；
無有特別造作行，
自然鬆坦而安住；
不離法身覺受證，
諸皆無有貪愛執。

己之眷屬或他人，

沒有要不要穿衣服的念頭，
衣服無論好壞皆可穿戴；
沒有要不要吃東西的念頭，
食物無論淨垢都可以食用；
無念本智因而增廣。

沒有要不要說話的念頭，
講起話來就像胡言亂語一般；
不刻意做什麼事情，
保持在自然鬆坦的狀態中；
從來不離對法身的覺證，
對於一切都不貪著。

無論是自己的眷屬或他人，

任何所作利害事，
不起一絲諍鬥行，
猶如無心物安住。

一切傷害諸行思，
永不作此事業行，
如獸逃離人群眾，
恆時遠離眾人群。

斷驕慢持己勝他，
不作好壞評斷論，
騙子隱匿己過般，
恆時隱藏己功德。

對於任何其所做的有利或有害之事，
絲毫都不跟他們諍鬥，
猶如無心識之物般安住。

一切會有害於心思的行爲，
永遠不會去做，
如同野獸逃離人群般的，
恆時遠離人群。

斷除自認勝過他人的驕慢，
不去評斷他人的好壞，
猶如騙子隱匿自己的過失般的，
恆時隱藏自己的功德。

不作位高權重者，
恆時處於低階位，
雖證無有高低義，
上師空行恆常供。

總攝私欲欺詐行，
一切造作當捨棄，
如是根本後得位，
擇察念知穩定乎，
直至安住平等定。

根本念知若不穩，
迷混不清昏沌狀，
愚修行持無有義，

不佯裝如權重位高者一般，
而是恆時居於低下。
雖然了證了義理沒有高低，
但還是恆時的向上師和空行獻供。

總之，捨棄一切的私欲、
欺詐和造作，
在上座和下座修持時，
都要檢驗自心，
直至自心能夠穩定安住：

上座修持時，如果心無法穩定安住，
處於迷混不清昏沌的狀態，
那麼這樣的愚修就沒有意義，

慈悲心起為動機，
身語精勤於善業；
然若平等定穩固，
身語善行斷無過，
嫻熟平等定禪修。

所謂根本後得位，
非指起座二姿態：

初修行者平等定，
任何善行所緣境，
若心專注無動搖，
行坐皆為平等定；

還不如以慈悲的發心，
將身和語精勤的用於善行善業；
但如果心可以穩定安住，
那麼就算不做身和語的善行也沒有過失，
完全專注於平等定的嫻熟。

所謂的上座和下座，
指的並不是「坐上」和「起身」的姿態。

初修行者的上座修持指的是：
對於任何善行的所緣境，
如果能夠一心專注無動搖的話，
那麼無論是行是坐，都是在上座修持；

無法安住專注境，
隨順妄念起波動，
寢修亦是後得位。

了證自心平等定，
四種瑜伽漸次知：

專注瑜伽呈現時，
了證自心之性相，
猶如清淨虛空中，
明空無滅無邊際。

清晰朗然此安住，
即是初修瑜伽定。

但如果無法安住於所緣境，
心隨妄念起波動的話，
即使在睡中修持，也只能算是下座修持。

了證自心的平等定，
漸次了知四種瑜伽的證境：

專注瑜伽現前時，
你了證自心的性相，
它猶如清淨的虛空中，
明空無滅，沒有中心或邊際。

此清晰朗然的狀態，
即是第一種的瑜伽定。

由此散射妄念時，
寢修亦是後得位；
明空清晰朗然中，
言談行持舉止間，
即是安住平等定。

離戲瑜伽呈現時，
了證自心本質體，
本覺離戲無間斷，
無有生滅取捨相。

安住自心之法身，
即是第二瑜伽定。

在此狀態中，若有妄念散射，
即使是在睡中修，也只能算是下座修持；
如果在言談行止之間，
能夠持守那清晰朗然的明空，
那麼你就是處於平等定中。

離戲瑜伽現前時，
你了證自心的本體，
它是遠離思維概念、無間斷的本覺，
沒有生或滅、取或捨。

安住於自心的法身，
這即是第二種瑜伽定。

若能安住此平等，
行住言談諸舉止，
即是安住平等定。
若有散逸戲論相，
寢修亦是後得位。

一味瑜伽呈現時，
了證自心之性相，
自心離戲法身中，
了證輪涅種種現；
妄念或是無念狀，
有所顯現或無顯，
住非住及空不空，

如果在言談舉止之間，
能夠保持在這種狀態中，
那麼你就是處於上座的修證；
但如果心因思維概念而散逸的話，
即使是在睡中修，也只能算是下座修持。

一味瑜伽現前時，
你了證自心的性相，
以及輪迴和涅槃的種種，
都是從自心的離戲法身中起現；
有念頭或無念頭、
有顯現或無顯現、
住或不住、空或不空、

明或不明諸種種，
光明法身一味故。
未見何顯非法身，
未見何念非光明，
如是一味平等證，
意所攝持時段間，
即是第三瑜伽定。
本初意若攝持時，
奔躍言談諸行持，
即是安住平等定。
若是離於本初意，

明或不明等種種一切，
在法身的光明中都是一味。
你不見任何顯現非法身，
你不見任何念頭非光明，
當心了證平等一味時，
在意所攝持的時段，
這即是第三種瑜伽定。
如果有本初意的攝持，
那麼無論在奔跑、跳躍或言談時，
你都能保持在上座的狀態；
如果沒有本初意的攝持，

寢修亦是後得位。

無修瑜伽呈現時，
本覺體性離所依，
瑜伽行者無可修，
無有修者坦然住。

具足三身五智體，
即稱佛本自俱狀，
如是了知本初體，
大手印之成就相，
便能定斷即是此。

本初安住成就相，

即使是在睡中修，也只能算是下座修持。

無修瑜伽的現前，
即是當本覺體性沒有所依時，
瑜伽行者沒有可修之境，
也沒有修行之人，只是坦然安住。

你就會了知
「三身五智之佛果本自具足」的意思，
對於如此了知的本初體，
你就一定能夠確定，
這就是大手印的成就相。

對於所獲得本初任運的成就，

無有獲得驕慢執，
無有念知攝持否，
無有是否作意思，
無有是否一味思。

無二念知自性體，
無有根本後得位。

覺空無有間斷期，
亦無死亡無出生，

鵬翅殼中即圓滿，
脫殼剎時即躍空；
三身功德圓滿心，
身印碎落現利他。

你沒有驕慢的執著，
你沒有正念或無正念的想法，
你沒有作意或不作意的想法，
你沒有一味或非一味的想法。

在無二的自持本覺當中，
沒有上座或下座。

在明覺和空性的不間斷中，
沒有死亡，也沒有出生。

大鵬金翅鳥的力量在蛋中就圓滿了，
脫殼的剎那就能飛躍入空；
三身的功德在自心中已圓滿具足，
當身印碎落的剎那便能利他。

如是呈現無修狀，
無有根本後得位。

即使證量雖甚高，
直至尚有嫻熟別，
亦分根本後得二，
區分有無念知否，
有無放逸二擇別。

無有嫻熟而成現，
即稱此為無修行。
此無根本後得位，
恆常趣入平等定，
行持安住坐臥中，

當無修起現時，
便沒有上座和下座的修證階段。

就算你的證量非常高，
但當你還有嫻熟度的不同時，
就仍會有上座和下座之別，
仍會有正念和無正念之別，
仍會有放逸和不放逸之別。

當你嫻熟的過程圓滿後，
這便是所謂的「無修」，
其中沒有上座和下座之別，
恆常處於平等定中，
無論是在行住坐臥中，

熟睡或是夢境時，
言談議論飲食間，
本初證量意遍佈，
一切均為平等定。

如意寶珠本自俱，
猶如陽光與日俱，
瑜伽恆時平等定，
稱此真實無別現。

專注位時後得位，
實物皆顯成實狀，
雖顯觀如幻化般。

在睡或夢中，
在言談、飲食間，
本初證量之意都遍在，
一切都是平等定。

能滿一切願的如意寶珠你本自具有，
猶如太陽本來就具有光芒，
瑜伽士恆時就住於平等定中，
此即所謂的「眞實無二現前」。

在專注〔瑜伽〕位時的下座修證，
萬法看似堅實，
雖然有所顯現，但將之觀爲幻化。

離戲位之後得位，
時而呈現幻化狀，
時而呈現實物狀，
雖顯觀修惟法身。

一味住時後得位，
正念攝持現法身，
無持徵顯實物狀。

無有所修根本定，
後得定皆即法身，
依他成現二色身。

非為能言善辯得，

在離戲〔瑜伽〕位時的下座修證，
萬法有時看似幻化，
有時看似堅實，
雖然有所顯現，但將之觀爲法身。

在一味〔瑜伽〕位時的下座修證，
當有正念攝持時，萬法便起現爲法身，
當無正念攝持時，萬法便會看似堅實。

在無修〔瑜伽〕位時，
上座和下座修證都是法身，
相應於他而起現二種應化身。

這並非能言善辯就能獲得，

亦非阿諛奉承獲，
切勿蒙頭愚行持⑲。

也不是阿諛奉承就能獲得，
因此，千萬別蒙著頭修愚行。

無有所修之時段，
無有迷亂睡夢明；
擇察是否辨析之，
正念是否攝持之，
無有自他法身明；
精勤無緣大悲修，
無有妄念自然現。

處於無修時，
在睡中都是清明而不會迷亂；
無論是否在辨析之中，
無論是否有正念的攝持，
都沒有自他的分別而法身清明；
無須有精勤修持的念頭，
無緣大悲便能自然起現。

未到如是修證位，

在修證尚未達到如此的境界前，

⑲字面上的意思是：切勿（完全）將自己的頭蒙蓋起來。

泛言空論之無修，
即成自欺大過失。

是故具根修士眾，
未達無修地之間，
侍奉上師積資糧，
不以空言所欺騙，
福德資糧無欺故，
此乃具證眾真言。

集會幽靜二者別，
法身本智無分離，
遠離二執貪愛戀，
未隨八風力而轉，

只是泛言空論的無修，
是會成爲自欺的大過失的。

因此，具有根器福德的修行者，
在你未達無修的程度之前，
應當侍奉上師並積聚資糧，
不爲空談妄語所欺騙；
你所積聚的福德資糧不會欺騙你，
這乃是證悟者的眞心話。

至於在眾會中或幽靜處時，
如果你始終不離法身的本智，
遠離對二元對立的執著，
並且不隨世間八法而轉的話，

雖於集會亦幽靜。
若具二執貪愛念，
樂苦等相若作意，
雖處幽靜亦集會。

不論集會幽靜處，
不離無二修證量，
不作刻意樂苦思，
任皆無有貪愛執。

區分集會或幽靜，
根本後得之區別，
初修道之行者眾，

那麼就算在眾會中也等於是在幽靜處。
然而，如果你執著於二元對立，
有樂苦等種種作意，
那麼就算在幽靜處也等於是在眾會中。

因此，無論是在眾會中或幽靜處，
當恆時不離無二的證量，
沒有樂苦的思維造作，
對於一切都沒有貪愛執著。

在眾會中或幽靜處的分別，
上座和下座的分別，
這些都是為了引導初學者而宣說的；

為導引故而宣說；
集會幽靜於了義，
無有根本後得別。

為何故言此心即，
是為俱生法身體，
顯現俱生法身光，
猶如油燭燈之光。

本覺法身體性質，
無有間斷增減相，
何來根本後得位？

證此堅穩大修士，

究竟而言，
並沒有眾會和幽靜、
上座和下座的二元分別。

爲什麼呢？
因爲心即是本俱的法身，
而顯現即是法身本俱的光芒，
好比是燈燭的火光。

法身的體性即是本覺，
它不可能有所間斷或增減，
因此，何來上座和下座可言？

對於了證這點的堅穩大修士，

根本後得何能遮？
此故難判士夫量。

覺受證量何為重，
覺受無用證量上，
如是覺受雖有善，
無有證量難解脫；
證量雖臻至高位，
若無悲心聲聞道。

四禪以及諸禪定，
雖有禪定覺受量，
無有證量之大過，
覺受漏盡復又生，

我們如何能分別他的上座和下座呢？
因此，我們無法判斷他的證量。

覺受和證量何者比較重要呢？
覺受沒有用，證量比較重要，
因爲就算你有好的覺受，
但沒有證量就不可能解脫；
就算你有很高的證量，
但若沒有悲心的話，就只是聲聞道的修行。

對於四禪以及種種其他禪定
就算你有經驗覺受，
但如果有不具證量的這個大過，
那麼當禪定的覺受漏盡後，

墮入三惡趣道中，
且觀無盡痛苦受。

凡諸覺受皆有為，
有為法皆懷無常，
是故勿貪覺受執，
當證無二本覺智。

超離無餘涅槃果，
唯獨證量行持境；
刻意思維之無二，
廣聞或能了解之，

由內現證此無二，

就會墮入下三道的惡趣中，
經歷難忍的痛苦，好好想想吧！

一切覺受都是因緣和合的有爲法，
而一切有爲法皆無常有終，
因此千萬別貪執覺受，
應當了證無二本智。

超離無餘涅槃的果位，
唯獨是證量的行持境；
思維造作所理解的無二，
透過廣聞或許能瞭解，

由內起現的無二了證，

即是上師加持力，
具信虔敬上師故，
由內了證生定解。
善堪擇察又何能，
吾亦了解詞句釋。

心雖呈現證量狀，
當察能否伏惡緣：
彷如右方斧砍切，
種種惡言相向之，
左現供養檀香薰，
各種虔敬讚美音。
如是樂苦經驗時，
無需特別堪忍之，

全是上師的加持力所致，
因爲具有虔信並恭敬上師，
所以由內了證而生出定解。
那些善於分析擇察的人又有何能呢？
就連我也能了解〔無二的〕文句詞義。

當證量在自心中起現時，
應審察它是否經得起惡緣的考驗：
好比是右邊有人對你揮舞著斧頭，
並且對你口出種種惡言，
左邊有人對你供養檀木薰香，
並且對你語多虔敬讚美。
在遭受這樣的經驗時，
如果你不需要特別努力就可以面對，

若無樂苦歡喜受，
行持瘋狂於集會。

若彼無信成善變，
能力未獲無礙間，
宣說秘密諸行持，
言談論述害自他。

有否成辦利他否，
各種神通展現起，
獲得無礙能力故，
密行集會無別之。

至尊密勒如是言，

沒有痛苦或快樂、喜歡或討厭的感受，
那麼你就可以在眾會中修持瘋狂的行徑了。

然而，如果沒有信心，或信心不堅，
而且尚未獲得無礙的能力前，
便公開宣說和行使祕密的行持，
這就會對自己和他人造成傷害。

至於行持是否能夠利他，
當你能夠起現各種神通，
獲得無礙的能力時，
密行或集會的行持就沒有分別了。

至尊密勒日巴曾開示：

無有所行十善業，
亦無所捨十惡業，
應以無造鬆坦住。

沒有十善業要行，
也沒有十惡業要捨，
應無造作的鬆坦安住。

至尊羅熱⑳亦言之，
崇敬珍愛三寶眾，
本覺無侍中圓滿，
未有可尋皈依處。

至尊羅熱也曾教授，
大力、崇高的三寶，
在不需要侍奉的本覺中就圓滿具足了，
也就沒有任何可以尋找的皈依處可言。

諸等至尊意趣境，
祥氏乞僧我等眾，

這些至尊們的見解，
對於我祥氏乞僧，

---

⑳密勒日巴的弟子惹瓊巴（1084–1161）。在告別密勒日巴後，惹瓊巴主要在羅熱修行，因而有羅熱的別名；羅熱靠近現今阿魯納恰爾（Arunachal Pradesh）的邊境。（中譯者持保留意見）

具證金剛師兄等，
猶如瓶中燭光明。

雖述汝亦難理解，
具信侍奉上師尊，
加持趣入於心續，
即是自現眾行境。

十方尊勝行持力，
廣大平等定行等[21]，
觀讀如海勝續部，
文繁於此不贅述。

勿有胡言狂莽行，

以及具證的金剛師兄們來說，
猶如瓶中燭光般的清楚明白。

然而，就算我向你解說，你也難以理解，
因爲它只能是藉由虔信的侍奉上師，
上師加持入心，
了證於內自然起現者的體驗。

至於「十方尊勝行」、
「大平等定行」等許多內容，
你可以參閱如海的無上續典，
在此我就不贅述了。

避免胡言亂語和狂莽的行爲，

行持與時相合和，
修無鬆懈怠惰行，
見諦無有宗派執，
行持無假象欺詐，
悲心不分親疏別，
修行勿有鬆懈怠。
皆呈無盡功德源，
成辦利眾事無際。

無二證量未攝持，
造作刻意行狂莽，
雖視敵友金土等，

行爲與時機相應合，
修證沒有鬆懈或怠惰，
見地沒有宗派的偏執，
行持沒有狡詐欺瞞，
大悲沒有親疏分別，
修行不散亂放逸，
如此就會有無盡的善功德，
成辦無際利益眾生的事業。

要是沒有無二證量的攝持，
雖然行爲刻意狂莽，
將敵和友、金和土視爲同等，

㉑參見羅伯斯之《大手印及相關口訣》書中第590－93頁。

未作善行生計業，
若能解脫童亦解。

未以無二證攝持，
無有定信若解脫，
癲瘋眾者亦解脫。

未以無二證攝持，
無有淨垢若解脫，
豕犬之眾亦解脫。

未以無二證攝持，
注重行儀若解脫，
新婚夫婦亦解脫。

爲了生計而不做良善的行持。
如果這樣就能解脫，那孩童不也解脫了嗎？

要是沒有無二證量的攝持，
如果沒有決定的信念就能解脫的話，
那瘋子不也解脫了嗎？

要是沒有無二證量的攝持，
如果淨垢不分就能解脫的話，
那豬狗不也解脫了嗎？

要是沒有無二證量的攝持，
如果注重行儀就能解脫的話，
那新嫁娘不也解脫了嗎？

未以無二證攝持，
自然放鬆若解脫，
癡傻眾者亦解脫。

無二證量若攝持，
無論行持粗細否，
所行修持皆解脫。
未以無二證攝持，
無論粗細皆束縛。

無別大悲若遍佈，
所行修持殊勝道。
無別大悲未攝持，
證量高或善覺受，

要是沒有無二證量的攝持，
如果自然放鬆就能解脫的話，
那傻子不也解脫了嗎？

如果有無二證量的攝持，
那麼無論行爲粗狂或細緻，
你都能得到解脫；
如果沒有無二證量的攝持，
無論行爲粗狂或細緻，都是束縛。

如果無偏私的大悲能夠周遍，
你的任何行持都是殊勝道；
如果沒有無偏私之大悲的融攝，
無論是有高的證量，或是好的覺受，

善能詐現威儀等，
所行詐現低劣道。

或是裝模作樣表現出好的威儀等，
你的任何行持都是低劣道。

第九 誓言品

如何護持誓言行？
初修時期之行者，
個別解脫諸戒律，
如來師教勿違背。

如何護持誓言呢？
初階的修行者，
對於個別解脫戒，
以及如來和上師的教誡，切勿違背。

修行氣脈時期間，
暖樂逆緣皆棄捨，
無念覺受若現起，

在修證氣脈階段的行者，
當避開一切背離暖和大樂的違緣。
當無念的覺受起現時，

禪定違緣皆棄捨。

當避開一切背離禪定的違緣。

現見自心本性體，
捨棄任何心傷害。

當現見自心的本體時，
當避開有害於心的一切。

無二證量呈現後，
凡諸特別作皆捨。
一切以心為憑證，
了證不離法界義，
已無護持勝誓言，
即稱白藥[22]治百病。

當無二證量起現時，
當避開一切刻意的行爲。
一切都以自心爲憑證，
當你的了證不離法界的眞實義時，
就沒有須守的誓言，而這就是最勝的誓言，
這就是稱爲包治百病的白色萬靈丹。

[22] 白藥（藏文：Dkar po chig thub）字意為「白單強」（white single powerful）的一種對治，這裡指的是對實相本質的大手印了證，此了證本身即足以獲得正等正覺。

第十 果位品

見諦切勿成顛倒，
口訣無誤於根器，
修行無誤無鬆懈，
行持無貪不染過。
誓言若未本尊譏，
所欲果得毋庸疑。

譬如藥材樹種類，
田地播種之時期，
肥料因緣皆聚合，
苗芽亦能除疾病。

如果你的見地無誤不顛倒，
所領受的口訣正確且合乎根器，
你的修持無誤，不鬆懈，
行持無貪執且不染過。
持守誓言未受本尊所譏嫌，
那麼你定能獲得所求的果位，這毋庸懷疑。

譬如藥材樹種，
當田地、種子、時機、
水、肥等因緣都聚合在一起時，
就連苗芽也能袪除疾病。

樹幹以及枝葉茂，
花與果實等一切，
時量限度之功德，
如是祛除諸疾病。

一切顛倒諸緣起，
授予痛苦之果實，
無誤賢善緣起力，
施於安樂果必然。

二執集合緣起力，
授予樂苦諸果報，
無時相對超思議，
本智無量毋庸言。

因此，整個樹幹、支幹、
樹葉、花與果實等，
其功德特質依時機和數量圓成時，
就能祛除所有的疾病了。

一切顚倒的緣起，
會造成痛苦的果實，
那麼無誤的賢善緣起力
會帶來安樂果，這是必然。

如果二執有爲的緣起力，
會導致樂苦等果報，
那麼無三時相對、無相依、超思議的，
即是無量的本智，當然就不用說了。

貪執實物善根力，
能投獲得善趣樂，
無緣善根超思議，
圓證佛果毋庸言。

貪執樂明無念力，
獲得三界天道樂，
無貪樂明無念力，
諸佛三身必然獲。

捨離方便之空性，
能得聲聞緣覺樂；
空性大悲無別力，
無住大樂必然得。

如果以執著於實有而做的善行，
能導致投生善趣的快樂的話，
那麼無緣、超思議的功德，
能導致圓證佛果，當然就不用說了。

如果有所貪執的大樂、清明和無念，
能夠獲得三界中天道之樂，
那麼無所貪執的大樂、清明和無念，
必然能獲得諸佛的三身。

如果不具方便的空性，
能獲得聲聞和緣覺之樂；
那麼空性和大悲的無別，
必然能獲得無住的大樂。

初修道之瑜伽士，
無誤生起出入定，
上等雙運報身證，
即身當下現前成，
或於中陰㉓現前起；

或是投生天人身，
定獲福德圓滿聚。
雙運報身現前起，
或於轉生七世中，
皆獲人身相續成。

初修道之瑜伽士，
如果能夠無誤的生起入定和出定的話，
那麼上等根器者，
此生便能了證圓滿雙運報身，
或者於中陰時現證；
否則，他們也必定會投生爲天人，
獲得圓滿的福德，
然後起現雙運報身；
或者連續七世投生爲人，
最終也會獲得成就。

㉓中陰（藏文：Bar do；梵文：antarabhava）一種過渡性的存在，主要指的是死亡和投生之間的時期，但在某些特定情況下，它的涵義更廣泛。

中等有相圓滿修，
經驗覺受生起時，
於此剎那諸惡業，
清淨空行加持力；
樂明無念此覺受，
嫻熟必現證量覺，
三身定能現前證，
或於中陰定現前。

最勝精勤瑜伽士，
甚深口訣若能持，
雖未現前無二證，
意識往生之奪舍，
遷識加行力量故，

中等者是在有相的圓滿次第修證中，
當經驗覺受生起時，
剎那間便能將自己大量的惡業清淨，
並且獲得空行的加持；
嫻熟大樂、清明、無念等覺受，
那麼證量必定會起現，
三身必定能在此生中現前，
或者必定能在中陰時現前。

對於精勤的瑜伽士來說，
如果能夠持守甚深口訣的話，
就算無二的證量沒有起現，
他還是能透過進入另一個身體（奪舍），
或是修持遷識法的力量，

真實呈現遷識證。

而眞實獲得遷識的了證。

未能行者中陰現，
上等現前光明證，
中等成就幻化身，
下等趣入胎域界，
而於出生得自在，
此後三身必得之。

做不到這點的人，就會現於中陰，
上等的行者能夠現證光明，
中等的行者能夠成就雙運幻化身（本尊身），
下等的行者會投生人道，
並且能夠決定自己的出生處，
此後，必定能夠獲得三身的起現。

大手印之瑜伽士，
念知鬆坦放任時，
明而無念覺受狀，
呈現猶如清淨空。

修持大手印的瑜伽士，
當自心舒坦放鬆時，
清明而無念的覺受——
起現猶如清淨的虛空。

如是呈現時期間，
無量惡障必漏失，
雖未生起定解念，
即為法身相會體。

無二俱生本體性，
證量清晰呈現時，
於一剎那無始起，
所集無量諸惡業，
摧破盡除無有餘。

獨一立斷大手印，
愚者惑於地道量。
為使愚眾歡喜故，

於此覺受起現的當下，
無量的惡業和罪障必定能終結，
就算是沒有生起定解，
這即是與法身的相會。

當無二、本俱的證量
清晰呈現時，
剎那之間，從無始以來
所積集的無量惡業，
便被摧破殆盡，沒有殘餘。

對於唯一、當下即能明決斷定的大手印，
愚者惑於以地和道來分析。
爲了使愚者歡喜，

性相乘㉔之諸地道，
亦可替代作表徵。

剎那證量現前時，
即是見道歡喜地；
一味證量其體性，
使之嫻熟修道位，
臻至無修究竟道。

得獲無二證剎那，
雖未淨祛諸苦痛，
功德能力證未生，

我會以因位的法相乘的地和道，
來對大手印進行相應的分析：

剎那證量現前時，
即是見道以及歡喜地；
嫻熟一味的證量，
這即是修道，
最終達至無修的究竟道。

在了證無二的剎那，
雖然諸苦痛還未祛除，
而功德能力也還未養成，

㉔別譯經乘（Sūtrayāna）或波羅密多乘（Parāmitayāna）。

何堪言此非見諦？
晨日生起之剎那，
不能消融結冰河，
亦未溫暖地土石，
何堪言此非烈陽？

有誰能說這不是見道呢？
太陽在清晨生起時，
雖然沒有馬上將冰河消融，
也尚未溫暖大地和土石，
有誰能說它不是太陽呢？

地道階位漸次第，
暖相徵兆各自別，
為攝漸次不了義，
佛以曲義而宣述。

地和道的次第階位，
暖相徵兆的各自分別，
這些都是佛陀爲了收攝行於道次第的弟子，
而權宜宣說的不了義。

愚眾貪著非全面，
調眾高低超思詮，

愚者執著於不全面的教法，
由於所調眾的根器高低等級無數，

佛述經典超思議，
雖未能於宗見同，
不應貶視詆毀捨，
祈獲理解而發願。

因此佛講述的經典也不可思議。
如果遇見與自宗相牴觸的教法，
不應予以詆毀或擯斥，
而應當發願希望自己最終能理解。

獨一立斷大手印，
猶如頻那挲㉕果實，
因與果實同時得，
有相本地即解脫。

唯一、當下即能明決斷定的大手印，
就如同頻那挲果一般，
因與果實同時獲得，
有相本地即能自解脫。

猿猴摘果由下爬，
烏鴉卻由上取之，

猿猴摘果必須由下爬起，
然而烏鴉卻可以由上取之，

㉕頻那挲（梵文：panasa），又稱菠蘿蜜，果實在尚未成熟之前便可食用。

烏鴉未見樹枝幹，
摘取果實何需言。

如是上根器士夫，
地道暖徵雖未見，
獲證法身何需言。

學證以及個別力，
剎那本初證量覺，
圓證佛子涅槃果，
無有所得清淨心，
即是果位方得知。

已無認知獲證思，

雖然烏鴉甚至沒見到樹木的枝幹，
但能夠摘取到果實卻是不用說的。

同樣的，對於上根器的士夫來說，
雖然未見他有地和道的暖徵，
但證得法身卻是不用說的。

無論其個別的修學及能力，
在了證本初狀態的剎那，
他們便獲得了佛子的涅槃果，
這時他們才知道，
此無有所得的清淨心即是果位。

他們沒有自己已經獲得證悟的這種想法，

出入自解無生死，
五身任運而成就，
解脫金剛大總持。

如是一切遍種智，
二資圓滿除二障，
清淨力故而獲證；
福慧二資圓滿時，
二障自然隨清淨：

剎那無二證量覺，
上師諸佛皆歡喜，
廣大福德於此成，
各別以及諸煩惱，

自然解脫，無出入定，也無生死，
五身任運而成就，
解脫獲得金剛大總持的果位。

教云：遍知一切的能力，
是在二資糧圓滿和二障清淨後，
便可以獲證；
於此，當福慧二資糧獲得圓滿時，
二障自然能隨之清淨：

在了證無二的剎那，
上師和諸佛皆感歡喜，
廣大的福德資糧因此而圓滿，
而粗細諸煩惱障的種子，

垢障種子悉清淨。

證量嫻熟修證時，
雖有細微所知障，
已無所修剎那間，
廣大智慧證圓滿，
了證三輪體所知，
垢障種子悉清淨。

此謂圓滿大菩提，
即為大印之成就，

奇哉！妙有稀有法，
於一剎那證佛果。

完全獲得清淨。

在嫻熟此了證時，
雖然還有細微的所知障，
但在已無所修（無修）的剎那，
廣大的智慧資糧便會圓滿，
了證三輪的本體，
一切所知障的種子因而完全清淨。

這就是所謂的圓滿大菩提，
這就是大手印的成就。

奇哉！此善妙殊勝稀有之法，
於一剎那間證得佛果。

第十一 平等性品

如是見諦究竟性，
所修行持及誓言，
果位以及諸法等，
皆為自心幻化現。

心性本覺清明中，
明晰當中自性空，
猶如虛空無分別，
無有邊際執方分。

如實體性此心性，
無有能所觀待執，

如是究竟的見地、
修證、行持、誓言，
以及果位等，
都是自心的幻現。

心性爲清明的本覺，
明覺當中自性空，
猶如虛空沒有分別，
沒有方向、中央或邊際之分。

在眞實本體——心性當中，
沒有能見和所見的二元觀待，

無見亦無證量覺；
無有能所觀修執，
無修亦無經驗受；

無有能所嫻熟執，
無有嫻熟亦無熟；
無有能所放逸執，
無有放逸亦無逸；

無有能所行持者，
無有行持亦無持；
無有能所獲得執，
無有能得亦無得。

因此沒有見地，也無證量；
沒有修證和所修證者的二元觀待，
因此沒有修證，也沒有經驗覺受；

沒有能嫻熟和所嫻熟者之二元觀待，
因此沒有嫻熟，也沒有不嫻熟；
沒有能放逸和所放逸者之二元觀待，
因此沒有放逸，也沒有不放逸；

沒有能行和所行者之二元觀待，
因此沒有行持，也沒有所行；
沒有能獲得和所獲得者之二元觀待，
因此沒有能得，也沒有所得。

猶如虛空無邊際，
無有因果二者故，
無生亦無成熟相。

本初空體此心性，
無有所障無所淨；
非物覺空無二別，
無有本智無不知。

如是見修之行持，
誓言果位等諸法，
心性光明本體性，
了知平等大修士：
無有能所觀待執，

猶如虛空一般，
沒有因和果的二元觀待，
沒有生起，也沒有成熟。

在本初為空的自心中，
沒有障礙，也沒有淨除；
它是非物質上的覺空無別，
沒有本智，但無所不知。

在自心的光明本體中，
如是平等了知見、修、行、果
以及誓言的大修士，
他沒有能見和所見的執著，
此無執於能見和所見的見地

無執即是見諦王。
即是見地之王；

無有能所觀修執，
他沒有能修證和所修證的執著，

無執即是觀修王；
此無執於能修和所修的修證即是修證之王；

無有能所行持執，
他沒有能行持和所行持的執著，

無執即是行持王；
此無執於能行和所行的行持即是行持之王；

無有能所獲得執，
他沒有能獲得和所獲得的執著，

無執即是果位王。
此無執於能得和所得的果位即是果位之王；

第十二　闡釋聖藥百靈通品

了證自心剎那間，
在了證自心的剎那間，

白善功德盡無餘，
一切的白善功德，

無有所修同時證。
不用修證便同時圓滿成就，無一例外。

心性猶如虛空界，
三身本初任運成，
即為圓滿勝佛寶。

心性離戲捨貪愛，
即為圓滿正法寶。

自性無生不退轉，
種種妄念成助伴，
即為圓滿聖僧寶。

如是此等三珍寶，
圓滿自心本覺性，
無需他處皈依之，

心性猶如虛空界，
其中三身本初任運而成，
這就是圓滿的勝佛寶。

心性離戲捨貪愛，
這就是圓滿的正法寶。

自性無生且不退轉，
種種妄念生起而成為助伴，
這就是圓滿的聖僧寶。

如是的三寶，
在自心的本覺中就已圓滿，
因此不需要向他處去求皈依，

圓滿了義之皈依。

心性遠離戲論相，
私欲自利無根基，
圓滿發願菩提心。

了知一切皆迷幻，
無有所緣大悲現，
利他任運而成就。
圓滿行持菩提心。

心性猶如虛空界，
遠離一切貪愛執，
圓滿布施至彼岸。

這就是圓滿了義的皈依。

心性遠離戲論，
沒有貪欲和自私的根基，
這就是圓滿的願菩提心。

了知一切皆迷幻，
無有所緣的大悲因而起現，
利他自然任運成就，
這就是圓滿的行菩提心。

心性猶如虛空界，
遠離一切的貪愛執著，
這就是圓滿布施波羅密。

清淨有相諸垢染，
圓滿持戒至彼岸。
無有畏懼於空性，
摧滅瞋恨之種子，
圓滿忍辱至彼岸。
覺空無有間斷故，
圓滿精進至彼岸。
專注本初任運成，
圓滿禪定至彼岸。
顛倒邪見相自解，

心性淨除思維概念的垢染，
這就是圓滿持戒波羅密。
心性中沒有對空性的畏懼，
因而將瞋恨的種子摧滅，
這就是圓滿忍辱波羅密。
明覺和空性無有間斷，
這就是圓滿精進波羅密。
心的專注本初、自然而任運，
這就是圓滿禪定波羅密。
顛倒邪見自然解脫，

圓滿智慧至彼岸。
所顯一切成助伴，
圓滿福權大資糧。
了證無二根本義，
圓滿智慧大資糧。
心性猶如虛空界，
本初無有身垢染，
圓滿寶瓶大權灌。
語之垢染本初淨，
圓滿秘密大權灌。

這就是圓滿智慧波羅密。
一切顯現都成爲助伴，
這就是圓滿權巧和福德大資糧。
了證無二的根本義，
這就是圓滿智慧大資糧。
心性猶如虛空界，
本初就沒有來自於身的垢染，
這就是圓滿寶瓶大權灌；
心性本初清淨而沒有來自於語的垢染，
這就是圓滿秘密大權灌。

本無意之垢染處，
圓滿智慧大權灌㉖。

心性沒有可被意所垢染的地方，
這就是圓滿智慧大權灌。

無有平等垢染處，
圓滿第四大權灌。

心性沒有可被身、語、意均等垢染的地方，
這就是圓滿第四大權灌。

未遮本覺自明力，
種種形色手幟顯，
圓滿一切生起道。

不受遮蓋的本覺自明力，
顯現爲種種形相、顏色和手持的標誌法器，
這就是圓滿一切生起次第道。

明而無有執取相，
圓滿次第道即此。

本覺清明但沒有能所的執取，
這就是圓滿一切圓滿次第道。

㉖智慧（藏文：Shes rab ye shes；梵文：prajñā-jñāna）為第三灌頂。

自心光明無二別，
清晰了證即見道，
無有間斷即修道，
無需精勤究竟道。
任皆無滅勝暖相，
圓滿地道暖相徵。
無有事相法之身，
任皆顯現化身體，
所顯受用於法身，
圓滿三身之果位。

清晰了證自心即是無二的光明，
這就是見道，
此了證無有間斷即是修道，
此了證無需精勤即是究竟道（無修道）。
任何情況下都無滅即是最殊勝的暖相，
這就圓滿了地和道的暖相徵。
什麼事相都沒有，這就是法身，
所顯現的任何相，這就是化身，
一切顯現視爲法身而受用，
這就是圓滿三身的果位。

自明本覺如虛空，
無有方分見圓滿，
所緣無執修圓滿，
無有取捨行圓滿，
無有衰損誓言成，
任運而成果圓滿。

心性光明空體性，
無有前後三時分。

直至執著有我間，
見修行果誓言具。
亦有業與成熟果，
棄惡積善慎珍重。

自明的本覺猶如虛空一般，
它沒有方分，此即見地圓滿，
它沒有能所的執取，此即修證圓滿，
它沒有取捨，此即行持圓滿，
它沒有衰損，此即誓言圓滿，
它任運而成，此即果位圓滿。

在心性的空性光明之中，
沒有前和後，沒有過去、現在和未來三時。

只要還執著於有我，
就會有見、修、行、果和誓言，
也會有業及業果的成熟，
因此，當謹慎於棄惡積善。

第十三 祈願品

祥氏乞僧吾因應，
近侍曲吉洛追徒，
催請之故由自心，
究竟本初無增損，
為度若干所調眾，
增益虛構書寫之。

呈現種種緣起因，
悲憫書寫無過失。

所集此善及諸善，
無餘轉現成為一，

我祥氏乞僧，
在近侍曲吉洛追的催請下，
雖然自心——
究竟上本來就沒有增損，
然而爲了渡化若干弟子，
而寫下這些增益的思維藻飾。

我思及可能的種種因緣，
且以悲憫心書寫，因此這麼做沒有過失。

此善以及其他一切善，
無餘的轉現總攝爲一，

龍神卡

開啟幸福與豐盛的大門

38張開運神諭卡+指導手冊+卡牌收藏袋

作者／大杉日香理　繪者／大野舞（Denali）
譯者／張筱森
定價／899元

—來自日本龍神的強大後援力量—
和龍神結緣交好，讓你的人生從此閃閃發亮！

許多地球上的龍神，不斷發送希望我們察覺的信號……

在日本，龍神自古以來一直是和人們很親近的神祇，時常被雕刻在神社或寺廟。舉凡工作、戀愛、交友……龍神皆為人生的各個層面牽起人與人之間的緣分，並成為我們靈魂成長與發展的後援。透過牌卡，我們能輕鬆得知龍神給予的提示與能量，察覺自身的各種變化。

延伸閱讀

日本神諭占卜卡：
來自眾神、精靈、生命與大地的訊息（精裝書盒+53張日本神諭卡+牌之奧義書+卡牌收藏袋）

定價／799元

水晶寶石 光能療癒卡
（64張水晶寶石卡+指導手冊+卡牌收藏袋）

定價／1500元

業力神諭占卜卡——
遇見你自己·透過占星指引未來！（精裝書盒+36張業力神諭卡+卡牌收藏袋+說明書）

定價／990元

人生不適合我

歡迎光臨苦悶諮商車，「瘋狂」精神科醫師派送幸福中！

作者／林宰暎 (임재영)　譯者／盧鴻金　定價／400元

我曾是罹患憂鬱症的精神科醫師。
現在，是走上街頭，開著「苦悶諮商車」派送幸福的使者。

本書作者林宰暎，曾在就讀醫學院時飽受憂鬱症之苦，然而，他實際經歷過的內心煎熬，以及實習時從病患身上學到的經驗，引導他走向精神科醫師之路。雖然畢業後曾在醫院服務，但有感於一般人對精神病院仍有很大的心理抗拒，作者決定走出診間，開著諮商車穿梭大街小巷，聆聽心苦之人的心事、撫慰他們受傷的心。

一名尋道者的開悟之旅

作者／嗡斯瓦米 (Om Swami)　譯者／賴許刈　定價／500元

Amazon五顆星好評！千則讀者熱烈評論！
放棄千萬年薪的企業家，只為尋找神。

作者嗡斯瓦米在20幾歲時就已經是一位成功的工程師兼企業家，小時候與神相遇的夢境，在他年幼的心靈種下種子，他的人生從此為了向造物主尋求解答而展開。本書將帶領讀者走進這位印度年輕僧侶的人生歷程，一起經歷求道的神祕、困惑、艱辛以及喜悅！本書既是一本僧侶的開悟回憶錄，也是照亮你我的人生明燈。獻給在這令人無所適從的時代中，努力尋找自身存在意義的你。

就為了好吃？

一位餐廳老闆的真心告白，揭開飲食業變成化工業的真相

作者／林朗秋　定價／380元

銅板美食、排隊美食、平民美食，是吃「美食」？還是吃「疾病」？

在保健食品業打滾三十餘年，作者於五十歲展開斜槓人生，在台北錦州街開了素食餐廳。自認美食探源者並且深具醫療保健專業，卻在真正接觸餐飲業，對食品原料追根究柢後，才深刻了解其中嚴重性……書中探討化工業入侵飲食業的惡性循環、九種偏差的飲食行為和謬論、台灣土地的有機農業和基改食品、十一個小農商家故事。用深入淺出的角度，全方面探究現代人對食材和土地的認知。

一行禪師講《入出息念經》

一呼一吸間，回到當下的自己

作者／一行禪師（Thich Nhat Hanh）　譯者／士嚴法師　定價／350元

保持對呼吸的覺知，覺察內在糾結。
在一呼一吸間，回到當下的自己，
我們將會找到更深的寧靜、平和。

一行禪師根據佛陀在《入出息念經》中的教導，以溫和、清晰、直接的方式解釋其中的文字和概念，將簡單的呼吸融合日常生活，引導人們走向理解之路。在一呼一吸、一出一入之中，進一步平靜自身，大大增強在禪定和正念冥想中的練習，重拾內心許久不見的快樂。

我，為什麼成為現在的我

達賴喇嘛談生命的緣起及意義

作者／達賴喇嘛（Dalai Lama）　譯者／陳世威　定價／360元

長銷20年，達賴喇嘛談修行人的人生哲學。
我們從何而來？生命的意義是什麼？
在今生未知的道路上，又該何去何從？

初版在2001年上市，為達賴喇嘛長銷20多年的經典著作。書中記錄一九八四年春季，達賴喇嘛在英國倫敦做了一系列的演講內容，主要講述生從何來？死往何去？如何生？如何死？為何生？為何死？如何活得快樂？如何死得安詳？這些是生而為人最切身的問題，人類一切活動都以此為中心而展開，構成錯綜複雜的世界。

心經

——超越的智慧

作者／密格瑪策天喇嘛　譯者／福慧編譯組　定價／380元

佛教大乘教典中，文字最少、詮釋佛理最深奧微妙的經典。

本書是堪仁波切密格瑪策天在美國麻州劍橋薩迦佛學院，教導了多月的課程，由《心經》般若智慧從生死此岸到達涅槃彼岸，含攝五蘊、三科、四諦及十二因緣、十八界等思想，破除從凡夫、二乘、權教等我執，以說明萬法本性皆空，最終趣入「無所得」，借般若度一切苦厄，達到究竟解脫與證得無上菩提之境界，透過討論、復習及密格瑪喇嘛與學生的原始問答集結而成。

為利等空有情義，
祈現無二法身體。
利眾無需精勤行，
離貪無緣大悲力，
色身遍廣虛空際，
所調眾前示善巧。
從今起始諸時期，
獲得圓滿暇滿身。
誠信智慧大悲力，
願行大力善行持。

爲了利益等虛空的有情眾生，
祈願現證無二的法身。
祈願不需要精勤便能利益眾生，
以離貪無緣大悲的力量，
令色身周徧虛空，
於所調御的眾生前示現善巧予以渡化。
從今而後的一切時日，
願能夠獲得暇滿身。
具備誠信、智慧和大悲，
恆持大力、賢善的行止。

恆成金剛大乘器，
上師教言及口訣，
勝證大悲具加持，
尋獲常時令彼喜。

恆時觀見上師德，
不見絲毫之過失，
常觀金剛持體性，
祈願虔敬無間斷。

從未沾染惡動機，
無所緣取大悲心，
一切上師諸佛陀，
功德無餘吾願得。

願恆爲無上金剛乘的圓滿法器，
願尋獲有殊勝證量、大悲和加持力的上師，
從上師處領受教言和口訣，
並且恆時令上師歡喜。

願恆時觀見上師的功德，
從來不見上師有絲毫過失，
祈願以無間斷的虔敬，
恆常視上師爲金剛總持。

以從未沾染惡動機的
無緣大悲心，
一切上師和諸佛的所有功德，
願我都能夠獲得。

不入常斷錯誤處，
離邊清淨之見諦。

無貪樂明亦無念，
祈證殊勝等味行。

不隨欺詐威儀相，
常不染諸煩惱垢，
誓言未為空行譏，
恆時精進願守修。

時赴幽靜山林境，
不現絲毫畏懼障，
經驗覺證之暖徵，

不入常邊和斷邊的錯誤處，
祈願獲得離邊清淨的見地。

願得沒有貪執的大樂、清明和無念，
願得平等一味的殊勝行持。

願我不隨欺詐矯作的威儀，
恆常不受煩惱的污染，
不受空行所譏嫌，
恆時精進的持守誓言。

願我時常赴幽靜的山林，
從不遭遇恐懼和障礙，
獲得覺受、證量和暖相等

願具功德神通力。

凡吾所行諸道行，
諸等上師法友眾，
其他有情盡無餘，
祈願彼眾皆悅意。

吾身語意之三門，
處境衣飾及姓名，
見聞覺觸等一切，
祈願圓滿自他願。

無貪施捨所擁物，
捨離欲求諸過失，

具有神通和功德。

願我的一切行持，
都能令上師、法友，
以及其他一切有情眾
悅意歡喜。

我的身、語、意、
住處、衣飾及姓名，
視見、聽聞、憶念和碰觸等一切，
祈求皆能圓滿自他的一切願望。

願我無貪執的施捨一切，
沒有欲求等過失，

具戒清淨心不迷，
祈願證智不放逸。

生圓二者得堅固，
究竟光明雙運圓，
吾以任運加持力，
願滿一切眾生願。

吾之無緣大悲力，
無量威勢力神變，
天龍夜叉諸魔眾，
大力之鬼願調伏。

吾之頭顱及四肢，

具有清淨的戒行，心不迷亂，
了證本智，不放逸。

願我的生起和圓滿次第的修持堅固，
光明雙運獲得究竟，
並且以任運的加持力，
圓滿一切眾生的願望。

願我以無緣的大悲力，
以及無量的神通力，
調伏諸天、龍神、夜叉諸魔眾等
世間所有的大力神鬼。

願我的頭顱及四肢，

血肉命氣等一切，
利他時期成現時，
歡喜施捨願無悔。

飲食財子騎乘等，
任何欲求諸受用，
吾之所需無窮盡，
利益大眾願無慢。

任何敵人魔攪害，
疾病以及飢荒難，
不論任何痛苦狀，
以吾威德願救怙。

血、肉、命氣等所有一切，
當利他的時機來臨時，
能夠歡喜無悔的施捨。

願飲食、財寶、子女、騎乘等
任何的所需和欲求，
我都無窮盡的擁有，
以這些來利益眾生而沒有傲慢。

任何敵人和惡魔的攪害，
以及疾病和饑荒等種種苦難，
無論眾生有任何痛苦，
願我的威德力能夠予以救怙。

從今始起諸時間，
皆行利他之行持，
他人所作傷害事，
心無迷怯願利益。

驕橫我慢或嫉妒，
私欲親遠偏執等，
未沾不善惡垢染，
祈願利益諸眾生。

他人讚譽無自喜，
詆譭過失無不喜，
無勤平等大悲力，
祈願無染貪瞋垢。

從今而後的一切時日，
願我唯有利他的行爲，
無論他人做了什麼有害的事情，
願我的心無迷怯，仍然予以利益。

願我利益一切眾生，
沒有驕橫、我慢、嫉妒、
私欲、親疏偏執等，
沒有惡行污垢的沾染。

願我不因他人稱讚而自喜，
不因受人詆譭而不悅，
願我具有毋須精勤的平等大悲，
沒有貪瞋污垢的染著。

觀世音之大悲力，
文殊菩薩大智慧，
金剛手諸威猛力，
祈吾圓滿盡無餘。

龍樹菩薩大遍智，
薩惹哈尊證悟力，
毗瓦巴之諸威力，
祈吾獲得盡無餘。

了知咒續行無餘，
一切事業無礙成，
權擁無量口訣者，
空行無餘願歡喜。

觀世音的大悲力，
文殊菩薩的大智慧，
金剛手菩薩的威猛力，
祈願我圓滿具足。

龍樹菩薩的大遍智，
薩惹哈尊者的證悟力，
毗瓦巴的威猛力，
祈願我圓滿獲得。

願我了知一切密續的修法，
無礙成就一切的事業，
成爲通達無量口訣的權擁者，
令一切的空行歡喜。

諸法非有何處來，
亦非去向何處境，
無有所住平等義，
堅固了證願利他。

捨離私欲為利他，
工巧之明諸論典，
詩詞諸學皆通達，
善辯眾者無能勝。

種性功德受用之，
無誤詞義之智慧，
威德信心能力等，
相順共緣願皆具。

萬法並沒有來處，
沒有去處，
也不住於任何一處，
願我以對此平等義的究竟了證而利他。

願我爲利他而捨離私欲，
通達工巧、論述、
以及詩詞等學問，
不被善於辯論的人所戰勝。

願我具足種性、功德、財物、
無誤的詞義、智慧、
威德和信心等
所有一切的順緣。

現今惡世學法眾，
聞令心續調伏稀，
通曉詞典未證義，
外現我慢爭辯增。

修證至尊上師眾，
追隨義理修證之，
我慢諸等皆棄捨，
了義圓滿教理義。

帝洛巴對那洛巴，
未曾宣說一句詞，

現今惡世中的學法者，
透過研習就能調伏自心的人極爲稀少，
他們雖然通曉詞典，但沒有了證義理，
我慢和爭辯因此而增盛。

實修傳承至尊上師的教導，
應當遵循並修證，
將我慢等完全剷除，
圓滿了證教理的眞義。

帝洛巴對那洛巴，
未曾宣說一句詞，

教理口訣等一切，
那洛心證盡無餘。

此故敝人拙詞語，
謙虛泛言空談語，
或有背離復述過，
未曾擇察無遮語，
為利本人所調眾，
幸能遮止輪迴邊，
僅助彼等利輯寫。

若有不同教理義，
一詞出現頭百裂。

然而教理和口訣等一切，
那洛巴卻能完全了證於心。

因此，我的這番絮絮叨叨，
雖然善於表達謙虛等，
但或有矛盾和重複述說的過失，
而且言詞空洞，未經思考，
然而爲了利益我所調御的弟子，
希望他們能夠遮止輪迴邊，
我才將它書寫下來。

如果其中有任何一個詞句違背教理或口訣，
願我的頭顱碎成百裂！

乞僧祥氏此證量，
巴普吐地山窟前，
近侍瑪巴催請書。
勿示他人積惡業。
教法以及諸論典，
一切上師諸意趣，
宣說自身之證量。
噫提㉗

這就是我乞僧祥氏的證量，
因近侍瑪巴的催請，
寫於巴普吐山窟前。
不可將之示於他人，否則會積惡業。
這便是我對佛語、論典、
一切至尊上師的見地，
以及自身證量的講述。
噫提

㉗噫提（藏文：ithib；梵文：iti），大意為「如是」，通常用於標題或引言的結尾。

3

大手印備忘錄

竹巴・貝瑪噶波 著

導讀

竹巴貝瑪噶波（1527–92）爲竹巴噶舉中最著名的上師，同時也是藏傳佛教中最偉大的作者之一。竹巴噶舉的起源與林惹貝瑪多傑（Lingre Pema Dorje, 1128–88）有關，初爲惹瓊噶舉的行者，惹瓊嘎舉的傳承是沒有寺院。然而，在西元一一六五年，林惹貝瑪多傑成爲帕莫竹巴的弟子，而帕莫竹巴是創建噶舉出家僧制之岡波巴大師的主要弟子之一。在帕莫竹巴的指示下，隨後他漫遊在中藏地區修行。他曾爲祥尊修法，助其在戰爭中得勝。林惹貝瑪多傑晚年擔任南普寺院的住持。

林惹貝瑪多傑的弟子倉巴嘉惹（Tsangpa Gyare, 1161–1211）[①]創建南竹寺，竹巴噶舉之名源自於此，而倉巴嘉惹寺院的世襲傳承，遂成爲竹巴噶舉的主要延續制度。然而在貢噶帕久（Kunga Paljor, 1428–76）宣佈其爲倉巴嘉惹的轉世之後，並以第二世竹千法王而聞名後，竹巴噶舉便同時有了世襲和轉世兩種延續制度。

貝瑪噶波是竹巴噶舉的第四世竹千法王，然而在他圓寂後，竹巴噶舉便分裂爲兩派，各自認證不同的靈童爲竹千法王，其中一位是昂旺南嘉（Ngawang Namgyal, 1594–1651），另一位則是巴桑旺波（Paksam Wangpo, 1593–1653）。

貝瑪噶波所寫的這篇短文，包括三十一個修證大手印的次第指引，內容簡約、清楚又實用，因而在竹巴噶舉傳承內外廣爲修學。

---

①達采·策旺·嘉所撰《佛教史》，645—63頁；郭譯師所撰《青史》，664—70頁。

頂禮噶舉珍寶言傳派①！

於此進行直指平常心續爲清淨本智實相，闡釋大手印俱生和合法，分爲：前行、正行、結行。

壹、前行

初前行可分爲：共同前行、不共前行二項。

甲、共同前行：可參見其他釋論著述。

乙、不共前行：首先，修持皈依發心至上師瑜伽。然後如《現證大日如來續》②云：

「挺身金剛跏趺坐，
意守專注大手印。」

（身體挺直，雙腿金剛跏趺坐，
心爲專注大手印。）

如上述：⑴雙腿金剛跏趺坐姿；⑵雙手持定印於臍下；⑶挺直脊背；⑷闊張雙肩；⑸脖頸如鐵鉤彎曲，下巴些微向內壓；⑹舌頂上顎；⑺一般而言，覺識受五根轉變，尤其是眼根，故應不轉動或閉眼，直觀前方一軛處。此稱爲「毗盧遮那七支坐法」，依其功能而別稱「三摩定五法」：⑴雙腿跏趺坐配合下行氣；⑵手持平等定印配合等火氣；⑶脊椎拉直挺伸配合遍行氣；⑷頸彎下巴內壓配合上行氣；⑸舌頂上顎和眼的觀姿配合持命氣，依彼等能令氣入中脈。五氣入中脈後，能使諸業氣亦導入中脈，而現無念本智，故稱爲「身幽靜」、「身無動搖法」或「身自然鬆坦安住」。

語捨濁氣靜語安住，即稱爲「語幽靜」、「語無動搖法」或「語自然鬆坦安住」。

不追思過去，無意願未來，不作意修證，不視空性頑空全無，對五根門當下所顯之一切，不

①白教（藏文：Dkar brgyud）之名起源於其居士行者所穿的白色布衣，其名稱的藏文發音，轉借自更為常見和原始的言傳派（噶舉派）（藏文：bka' brgyud）。

②《現證大日如來續》（*Mahāvairocanābhisambodhi*），雖然關於此坐姿的描述在 195b 頁，但引用的這些文句並不在經文內。

作任何是非擇察、心向內觀，如孩童般自然而住，令心鬆坦安住，剎那也不放逸：

「捨棄一切能、所思維念，
如彼孩童自然安住般。
若虔信勤修上師言教，
成就俱生和合無庸疑[3]。」

（捨棄一切能所的思維和念頭，
如孩童般自然安住。
若能虔信勤修上師的言教，
俱生和合無疑會成就現起。）

帝洛巴云：

「不思不想無擇察，無修無念自然住[4]。」

（不思、不想、不進行分析，不修證、不忖量，而是自然安住）

法王月光童子⑤言：

「無有放逸諸佛善逝道⑥。」

（不放逸就是諸佛之道。）

此即稱爲「心幽靜」、「心無動搖法」或「心自然鬆坦安住」。

---

③薩惹哈，《道歌寶藏》，74a3頁。

④這段著名但非正統的引言，最先可能是出現在岡波巴大師的《解脫莊嚴寶論》187a1頁。但早期的文句是：「不思不想無認知，無修無察自然住。」

⑤岡波巴大師前世之一，為《三摩地王經》中主要的對話者。

⑥出處不明，但不丹第六十八任國師傑堪布（Je Khenpo）天津·敦昆·竹佩·德（Tenzin Dönkun Drupai Dé）在《勝道》第10b5（611a）頁中，有一個更完整的版本：「無有放逸諸佛善逝道，無有放逸是為善知識，無有放逸一切口訣首。」

龍樹云：

「正念得證自在如來示，此乃唯一趣入捷徑道，
精勤於此現行守護之，若捨正念諸法皆毀滅⑦。」

「如來告訴我們，正念得以證得如來，正念是唯一最近的道路。現下應精勤並守護正念，如果失去正念，所修的一切法也就毀滅了。」

如所開示不應放逸而護正念，如《俱舍論》云：

「正念能令所嫻熟之事不遺忘⑧。」

「正念能令不忘失已經熟悉通達的事，」

貳、正行

正行有二，分共同修證法與不共同修證法。

甲、共通修證：

可分二項修證：尋求獲得修證根本寂止覺受後，進行專注瑜伽修證；善察安住與動念之根本，直認勝觀本面目之離戲瑜伽。

(I)尋求獲得修證根本寂止覺受後，進行專注瑜伽修證

可分爲二：有依止和無依止。

(i)有依止分爲：氣息與無氣息修法

---

⑦《親友書》，43a5頁。

⑧世親，《大乘五蘊論》（梵文：*Pancaskandhaprakarana*），12b7頁。原經文以「何謂正念？」（藏文：dran pa gang zhe na）為首。

(A)無氣息修法有二：依止石塊或木條等不淨物，依止表如來身語意之清淨物。

(a)以不淨石塊或木條爲所依止：

【修證1】

於前方放置一小石塊爲所緣依止，令心住於其上不向外散射，亦不攝集於內，僅直觀專注。觀上師於頂，思其爲眞實佛，誦如母等空有情之祈請文[9]，祈求上師加持得證大手印之殊勝成就。誦畢，上師融入己身，觀想自心與彼心成無別，量安住至能等持之階段；心若有徵相呈現，應稟告上師後再繼續修證。

昏沉時，眼向上觀，著重於所顯現之相而修；沉迷時，如上述以正念攝持；掉舉時，觀注歧途誤處，眼向下觀，主要以鬆坦爲要。

(b)如來清淨身語意作所緣依止：身以塑像，語以種子字母，意以明點等三種爲所依。

(1)所緣依身塑像：

【修證2】
心持續專注於佛像或佛之畫像，或是觀想佛身如黃金般燦耀，具足相好嚴飾放射光芒，身著三法衣安住於己前方。

(2)所緣依語種子字母：

【修證3】
於己前方指甲大小月輪座上，觀想一細毫所書之「吽」字。

⑨四句祈請文，祈請一切眾生獲證上師之佛身、法身、報身和化身。

(3)所緣依意明點：

【修證 4】
心觀注於形如鳥蛋、大小似蠶豆般，並具光明和特殊性相之明點。

(B)依止氣息修法：分爲持修金剛誦，或依止寶瓶氣二項。

(a)依止金剛氣息誦：

【修證 5】
首先使身心鬆坦安住，除心觀注呼吸之氣息進出外，不作他事。數息從一、二乃至二萬一千六百，此能嫻熟通達氣息內外出入數。

【修證6】
其次，專注於呼吸進出間，意識跟隨氣息，進而思維從全身或身體之某一處出入息，此能嫻熟通達氣息性相。

【修證7】
再令氣息與意識相合，促使氣息從鼻尖至臍間吐納，觀注其出入安住自性，如是能現見各個氣息之顏色及長短量。

【修證8】
再無混合的對五大元素進行個別觀修，能令了知氣息內外之呼吸增減。

【修證9】

之後，氣息出時變現白色「嗡」字，向內吸入時現爲藍色「吽」字，安住時現爲紅色「阿」字，內外氣息呼吸呈漏盡狀。

(b)依止寶瓶氣：

【修證10】

三次吐納後，從鼻緩緩吸入上氣，導引下氣至能持受狀。如是經由修持寶瓶氣，能殆盡心識難以調伏之動遷力，僅存氣息無有其他所緣境，故能漏盡令心遊蕩流轉之妄念。

(ii)無依止禪定：可分爲斷滅竄生妄念、所顯無整無作、安住方法要點等三項。

(A)斷滅竄生妄念：

【修證11】

如是於修證中，若心隨外境生起妄念，應不隨其後而入，思維以正念力不令一絲妄念生起。妄念竄生時，立即將之斷滅而入修證，恆時保任修行。

【修證12】

其後若妄念呈增多，念念相隨、無間斷而現，稱「認知妄念彷如知怨敵般」。初時安住，〔妄念〕猶如懸崖瀑布急洩水。若能於彼之上安住剎那，則知妄念之生滅性，雖受其力影響，且看似增多，然妄念僅如常生起，並非有增減。妄念剎那生起之當下，瞬間而滅，是法性本然。

(B)所顯無整無作：

【修證13】

之後，安住於任一妄念本身所現，不隨其力而入亦不遮滅，修證安住自心，如哨兵警覺，令妄念無從竄生，趣入安住，專注於寂止。

【修證14】

之後妄念現緩慢狀，持續如上之修持，則安住之相續便會增長，此即為「猶如緩慢續流之大江」的中等安住。依如是鬆坦安住要點，有助於區別心之淨濁。法主云：

「心無造而樂，水不攪則清[10]。」

（心不造作就會喜樂，水不攪動就會澄清。）

大自在瑜伽士⑪云：

「無整鮮明安住現證量，呈現護持猶如水續流，
捨棄一切能所緣取相，恆時安住等定瑜伽士⑫。」

（無整鮮明而安住，就會有證量，
如果於此能夠保任如流水般，證量就會圓滿。
嗟！瑜伽士！捨棄一切對能所的執著，
持續的安住在平等定中。）

---

⑩《究竟寶藏》，12b5頁。

⑪「大自在瑜伽士」的稱號，通常用以指稱密勒日巴；但此處在竹巴噶舉而言，所指的是林惹巴。亦參見註解㉒。（中譯者持保留意見）

⑫《林千惹巴貝瑪多傑合集》，第一冊20a6頁。

此修證二種狀態，如薩惹哈教敕：

「過度束縛望行十方境，
鬆坦而行不動堅穩住，
反喻如駝⑬❶非相我今證。」

「心若受到束縛，它便想奔逃至十方境域，
若是任其自由，它就會不動堅穩安住，
對於這個以駱駝來說明非相的比喻，我現在已經了證了。」

(C)安住之方法要點分四：

(a)初時「如婆羅門捻線」般安住：

【修證 15】

如捻線時需鬆緊適度平和，修證若過於緊提則易隨妄念轉，過度鬆弛則落入懈惰，故應達到鬆緊適度平和狀。初學眾修證之首要：精勤修習截斷竄生妄念，若此修習令心生厭煩時，應放鬆安住於無整所顯；兩者交替修持，則能使鬆緊適度平和，故教示當先收心提念，然後鬆坦放任，如婆羅門捻線般安住。

⑬ 出自《道歌寶藏》，23a5 頁。

❶ 由於那個時代欠缺對駱駝的認識，認為駱駝似羊似馬，什麼都不是，所以在這裡用它來比喻非相。

(b)第二種安住「猶如繩斷之麥桿捆」：

【修證16】

前述對妄念之對治法仍爲造作，因此不應有放逸散失之行以及執實之心念。惟修證若僅是以對治斷滅妄念之生起，追隨念知而壓伏，此則成修行之垢。故應捨棄如是念知，自然安住於相續寂止，心無造作整治而住，稱「如繩斷之麥桿捆」。

(c)第三種安住「如孩童遊觀佛堂」：

【修證17】

當如瘋象之心栓於正念柱上時，氣息自然執持，若見如煙等之空色身，或生起對樂受之昏懵，或無念不知身心之感受，猶如安坐於虛空中等種種覺受，不應心生歡喜或視其爲過失，當不執著亦不遮止其顯現分，如孩童遊觀佛堂，不遮止顯現分，無執而安住。

(d)第四種安住「如大象不爲荊棘刺擾」：

【修證18】

此安住階段中，若有妄念竄現，應同時認知其體，起正知念，因所捨與對治順意相通，妄念無法從一更迭引而生相續念，毋需對治精勤修持，自然持正念狀，此即「如大象不爲荊棘刺擾」⑭，不破立對妄念所生之感受而安住。

⑭大象皮厚，荊棘對之無關痛癢。

最終之安住稱「如離浪濤大海般」。於此安住階段了知動念之本初面目，盤詰動念上獲得安住於本地。亦稱爲「安住動念無別狀」，是獲得專注本初面目。

於此時，了知安住和動念本初面目者，稱「如理而行妙觀察智」或「自明本覺」。如《莊嚴經》云：

「復次依循身與心，獲得最勝嫻熟證，
如理觀變善思察⑮。」

（依循著如此安定身心的方法，
嫻熟通達修證，生起正覺知的觀察力。）

(II)擇察安住與動念盤詰之根本、了知勝觀本面目、修證離戲瑜伽

可分為擇察安住與動念之根本、認知勝觀本體面目，及修證離戲瑜伽等三項。

(i)擇察安住與動念之根本：

【修證19】

當無有諸相、無念寂止現起妙觀察智時，辨析其安住之本體為何？其安住相狀為何？其如何動念盤詰？動念是否於其散亂時現起或於其安住時現起？除了動念和安住之外，其是否還有其他狀況？其本質為何？其最終遮滅狀為何？應觀察辨別。

⑮ 彌勒菩薩，《大乘莊嚴經論》，15:15, 19a7。

【修證20】

若在安住之外無動念盤詰，則在動念之外亦無有可依之安住，無法尋見安住及動念本質時，能觀之覺識是否有別於所觀之安住或動念？其在動念或安住之外是否另有其他？還是其即是安住或動念？

經自明本覺慧眼觀察，無有任何可尋獲，是故了證能見與所見無別。因其本質無法安立於任何處，故稱爲「超離思議之見諦」，或「遠離承許一切見諦」。

竹巴．嘉旺汪波云：

「作意勝見終破敗，超離意詮無見名，
能見所見無別觀，上師恩德獲定解[16]。」

（作意的殊勝見地終究是會破敗的，
超離意詮的見地甚至連『見地』的名稱都沒有。
能見與所見無別的定解，乃是因上師的恩德而獲得的。）

同此，導師寂天云：

「精進習定者，剎那勿弛散；
念念恆伺察：吾意何所之？❷⑰。」

（精勤的修證三摩定，剎那也不弛散，
恆時觀察自心，看它在做什麼？）

---

⑯出處不明。唯一稱為 Rgyal ba'i dbang po 的著名大師是勝主慧（Jinendrabuddhi），也就是陳那（Dignaga）的老師。然而，這個偈文並沒有出現在其著作中，看起來也不像是他所寫的。這裡的尊稱極可能指的是第二世竹千法王貢噶帕久。（中譯者持保留意見）

❷如石法師譯文。

⑰《入菩薩行論》，5:41, 11b6 頁。

譬如〈大寶積經．迦葉請問品〉中之柴薪與火之喻：

「雙木摩擦力而起生火，燃燒火令木柴焚盡般，
如是根本智慧生起時，依據所生焚盡二障行❸⑱。」

（兩根木柴的摩擦便有火產生，生起的火反過來將此兩根木柴焚盡；同樣的，當根本智慧生起時，智慧的現起也將二執焚盡。」

如是擇察，是心向內攝、自明本覺觀照，故稱爲「乞士之擇察修」。此非班智達❹之擇察修，因其心是向外觀之，故爲不同。

(ii)認知勝觀本體面目：

【修證21】

不捨不破妄念或煩惱，亦不跟隨其力勢，於彼所顯上無造安住，於生起剎那了知其本體面目，不捨棄之而於本地清淨現起空性。依此，能轉一切違緣成爲修道之用，故稱「惡緣現起成道用」。

僅以認知妄念之本體面目而解脫，所捨和對治成無別證量，稱爲「金剛乘精要迴遮修證法」。

至此，對未證自心本性之有情眾生起增上悲心，身語意雖爲諸有情示現行持生起次第等善巧方便法門，以其智慧力清淨一切執實，例如食用經過咒語加持之毒，雖受用其毒但不爲之所擾。依此修證行持，方可稱「於顯無有取捨之修」。

---

❸大寶積經卷第一百一十二．普明菩薩會第四十三（〈普明菩薩會〉又名〈迦葉請問品〉）「迦葉！譬如兩木相磨便有火生，還燒是木。如是迦葉！真實觀故生聖智慧，聖智生已還燒實觀。」

⑱《迦葉請問品》（*Kāśyapaparivartasūtra*），133b1 頁。藏文大藏經中的版本，其最後一句為：「焚盡分別念。」。

❹學者之意。

(iii)離戲瑜伽修證可分為三：擇察三時、擇察實物與非實物、擇察一或多。

(A)擇察三時：

【修證22】

過去心已滅，未來心尚未生起，現在心亦無可執取相。如是擇察，一切顯現皆是如此，並非眞實，僅依自心而安立，因而理解生、住、滅亦非眞實。當擇察如薩惹哈云：

「實物生出彷如虛空性，盡捨一切物故何謂生，本初即是無生之自性，今依上師怙主示而證⑲。」

（法的生起其本質即像虛空一般，因此，在破除一切法之後，還有什麼可生起的呢？法的本質原本就是無生，今日依照上師的教示而了證了。）

(B)擇察實物與非實物：

【修證23】

如是擇察：自心是否成立實有或無實有？若爲實有，依何成立能所？若所執成立，所緣境之形色爲何？若能執，其亦無非僅爲顯現；若無實，則各種顯現又依何而現？

若其本體可立，則可安立爲實物。然經理證而觀察卻無任何本體可立，或未能尋得實有安立之法。此乃自明本覺之所行境，故不落入頑空無實法分，即稱遠離實與非實二者、不落常斷二邊之中觀見。此非依隨辯證表徵理，亦非依反體證理而立，而是由上師口訣攝持，現見掌中所擁之珍寶藏。如云：

⑲《道歌寶藏》，73b5頁。

「上師言教若入於心，猶如現見掌中所擁寶[20]。」

（當上師的言教入心時，就好像見到掌中所擁有的寶物一般。）

(C)擇察是一或多：

【修證24】

此心為獨立個體或為多？若為獨立個體，謂心以能呈現種種顯現而假名安立為心，則又何能成個體？若承許為多，則應擇察諸顯於自身本體空性中卻為平等當如何成立？經由觀察而證超離分別及遠離一切邊，稱為「無有所住大手印」。

證得如是證量瑜伽士於根本定時，除各各自明本智外，已無任何顯相，故稱為「無顯」。

於後得位時，因此修證道已清淨對諸法實有之貪執，故視一切顯現如幻，如〔薩惹哈〕云：

「十方前後境隅分，所見一切顯相境，
今同怙主斷迷亂，至此無需盤詰疑[21]。」

（怙主！對於我所見的一切顯相，
無論它是在前方、後方還是十方，
今日我已經斷除迷亂，從此再也沒有疑問了。）

⑳《道歌寶藏》，71b3頁。
㉑《道歌寶藏》，72a3頁。

乙、不共修證：

分二：⑴諸法與顯心成無別平等之一味瑜伽，及⑵諸法決斷於本初俱生法身之無修瑜伽。

(I)諸法與顯心無別平等成一味瑜伽

分為以睡與夢喻顯現即是心本面目，水與冰喻顯空雙運本體面目，海與浪濤喻決斷諸法一味平等。

(i)睡與夢喻顯現即心本體面目：

【修證25】

如睡眠時，任何顯現除心之外無他；清醒當下所顯一切，亦僅是愚癡睡中所顯顛倒夢境，除己心之外無他。於任何所顯之境，若能鬆坦安住，則能使外顯境相與自心二者成無別一味。如大自在瑜伽士云：

「前晚睡夢此覺受，直指顯相即心體，

能否理解為導師？㉒」

（昨晚睡夢的經驗，

就是爲你教示「顯相即是心」的大導師。

於此你是否能了解呢？）

又如言：

「三界所顯一切盡無餘，轉現成為唯一大貪愛㉓。」

（將三界所顯的一切形形色色，無餘轉化爲唯一的大欲求。）

㉒這裡的「大自在瑜伽士」指的是林惹巴；其他竹巴噶舉的論著在引用此言時，標示作者為林惹巴，同時在這之前還有一句：「在心之無根無基之本體中」。貝瑪噶波在別處引用林惹巴的話時，使用的也是此尊稱（參見註解⑪）。

㉓《道歌寶藏》，72a2頁，雖然這裡看似如前一偈也是出自「大自在瑜伽士」，然而卻是出自薩惹哈。（中譯者持保留意見）

(ii)以水與冰喻顯空雙運本面目：

【修證26】

任何所顯諸法於顯現時，無有任何本體可成立，故稱爲「空性」。雖無此許可立，卻又能顯現種種，故稱爲「顯空雙運」或「一味」，如水與冰之喻。依此進而了知樂空、明空、覺空之雙運，了證諸法皆成一味。如云：

「若能了證一切皆為此，
除此之外無他可尋覓，
宣說執持修證皆為之㉔**。」**

（如果能夠了證這個，一切便都是這個。
除了這個之外，沒有任何其他可尋覓的，
我們所讀的、所憶念的、所修持的，全都是爲了這個。）

(iii) 以海與浪濤喻決斷諸法平等一味：

【修證27】

如同浪濤出於海水，了證諸法皆起於自心，其相顯而性空。如薩惹哈云：

「凡諸自心所化顯，彼皆怙主自體性㉕。」

「心的一切化現，都具有怙主的體性。」

此即唯一法性、遍行法界，稱為「一味現諸相」。了證此等瑜伽士，其後得智〔隨類智〕皆趣入遍空體性。

㉔《道歌寶藏》，71b2 頁。

㉕《道歌寶藏》，74b7 頁，怙主指的是佛陀。

【修證28】

所捨之煩惱和能捨之對治法皆漏盡，於此之外無處可去，趣入無可超越之境界，獲得無住涅槃大手印殊勝成就。如《相融法典》言：

「嗟呼！此自明之本智，超離言詮亦非意識境，帝洛㉖我無任何法可示，唯有自證自續方了知㉗。」

（嗟呼！此自明的智慧，超離語言道，也不是意識能經驗的範疇，帝洛巴我沒有任何辦法可以指出來，唯有你自己了證自心才能夠了知。）

又云：

「不思不想無擇察，無修無念自然住㉘。」

（不思、不想、不進行分析，不修證、不忖量，而是自然安住。）

參、結語

分爲三：直指確認大手印本體面目、擇察障礙、錯誤和流失處，以及區分理解、覺受和證量。

㉖帝洛巴。

㉗此非正統的道歌出現在望秋・嘉岑（Wangchuk Gyaltsen）的《無垢法教之大樂》（*Great Bliss of Stainless Teachings*）第一冊，58a1頁。

㉘貝瑪噶波在前面就已引用過此偈（見註解④）。

甲、直指確認大手印本體面目

【修證29】

(I)決斷定解基

(II)實際修證道

(III)分別覺受差異

(IV)區別地道暖相徵兆，四種瑜伽果位現前。

乙、擇察障礙、錯誤和流失處

【修證30】

了知顯相即心，破除觀待顯現爲敵障；了知妄念即法身，破除視妄念爲敵障；了知顯空雙運，破除視空爲敵障。此三種錯誤處[29]皆因貪著寂止覺受而生，經由增上勝觀，則能袪除。四種流失處：空性現大悲體，破除流失落入頑空；了證如是本初體性，破除流失落入增益空；了證所捨與對治無別，破除流失落入對治法；了證顯現與解脫俱起，破除流失落入於顯道。

丙、理解、覺受、證量三種區別

【修證31】

經聞思而了證心之究竟爲「理解」，由得證諸義總攝於一爲「覺受」，眞實現證離戲爲「證量」。雖皆同以「證」字解說，實無違背。

㉙亦即執著於清明、大樂和無念的覺受。（中譯者持保留意見）

卡其桑噶王[30]利他賢善貢獻一斗藏紅花和資糧，勸請撰寫大手印及六法備忘錄。吾見論述手稿雖多，但無令心能有所依證，爲利益未來弟子眾之故，貝瑪噶波於南方境域卡曲[31]修持菩提心要關期所著。願皆呈善！

刻印功德拉達大聖寺僧人
貝瑪曲嘉贊助善業千光芒
修證蓮園盛開世界具安樂
祈願等空有情速獲菩提果
薩瓦芒噶朗

拉達大聖寺僧人貝瑪曲嘉，
贊助刻印此文的善業功德如千種光芒般顯耀，
祈願修證的蓮園中蓮花朵朵盛開，世界和平安樂，
等虛空的有情眾生迅速證得菩提果位。
願一切吉祥！

㉚ 桑噶的首都在克什米爾的藏人居住區——帕登。

㉛ 藏文：Mkhar chu byang chub kyi snying po，洛札地區的卡曲：此為蓮花生大士之心意的閉關地，步行一天之內可達馬爾巴位於洛札的住所。

4

俱生和合大手印釋解

第三世噶瑪巴・讓炯多傑 著

導讀

第一世噶瑪巴．杜松虔巴（1110–93）在於一一三九年遇見岡波巴大師和貢楚（Gomtsul）時[1]，便是一位已經修行有成的僧人；其後，他也從惹瓊巴大師處領受口訣，並且以堅韌不拔的毅力，在不同地點多年苦修。

一一五九年，也就是岡波巴大師圓寂後六年，杜松虔巴回到家鄉藏東創建噶瑪寺。一一八九年，七十九歲的杜松虔巴回到中藏創建楚布寺；他表示，自己回來是爲了圓滿貢楚的一個心願，並說服六十七歲的祥尊終止戰役。杜松虔巴和祥尊兩人都在四年後圓寂。

身爲噶瑪巴傳承中的第一世，杜松虔巴被視爲是當今普遍存在之祖古轉世制度的創立者。雖然岡波巴大師、祥尊、杜松虔巴都會爲大成就者的轉世進行認證，然而噶瑪巴希（1204-83）卻是第一位繼承前世的寺院和權力的轉世者[2]。

第三世噶瑪巴・讓炯多傑（1284–1339）爲本書兩篇文章的作者，他建立噶瑪噶舉傳承的實修和聞思，並引進其他傳承的一些法教。讓炯多傑是如此的德高望重，以至於明朝崛起之前的最後一位蒙古皇帝——十三歲妥歡帖木兒（Togan Temur）（r. 1333–70）的登基大典，乃是由他主持。

讓炯多傑有許多重要的論述。這裡收錄的〈俱生和合大手印釋解〉是讓炯多傑在一三二四年四十歲時所作，它雖然沒有〈了義大手印祈願文〉那麼出名，然而它闡明寂止和勝觀的修行次第，爲修證大手印的實用手冊。

---

① 郭譯師所撰寫的《青史》476頁。

② 歷代噶瑪巴的歷史可見於聽列（Thinley）所著《十六世噶瑪巴之歷史》（*History of the Sixteen Karmapas*）。

頂禮一切上師證聖眾！

直指俱生自明本智經由清淨正等覺佛金剛總持授法於帝洛巴③，後傳至吉祥那若巴，其歷經十二大苦行，最終現前證悟。對欲趣入此了證勝義之眾，直指本面可分爲三：前行、正行寂止尋心及直指勝觀俱生義、結行。

一、前行

第一座法

依止清淨具性相之上師，如理修習，捨棄此生俗事，爲求無上菩提而精勤修證。首先受持戒律，發起菩提心，經灌頂授權成熟心續，住於適意僻靜處，進行閉關修證。

初修時，斷除身語意對世間之貪愛及牽絆，於適意座上，雙腿跏趺坐，手持定印，腰背挺直，脖頸略彎，眼觀鼻尖處，依此自然鬆坦安住即爲身要。

復思，一切有情從無始以來流轉輪迴苦海，爲無量痛苦所逼擾，皆因未了證自心本覺佛，而現起我與我所貪著，流轉於無邊輪迴，故應對彼等有情眾由衷悲憫，以此動機而修證。

接著，思維憐憫有情之殊勝皈依處爲大恩諸佛，但眞實賜與聖眾口訣者爲上師，上師爲我行佛事業，恩德更勝，如是思維而生起虔敬心。

觀上師於己頂上，現爲金剛總持、金剛薩埵或根本上師之相，其顯而無自性，與十方諸佛菩薩、噶舉言傳聖眾成無別。向彼等聖眾敬獻己身與一切受用等，並誦：

奧明密嚴法界宮殿中
三時一切諸佛之體性
指引自心真實法身者
吉祥上師聖者前頂禮

奧明密嚴法界的宮殿當中，
三時一切諸佛的本體，
以及爲我指出自心乃眞實法身的
吉祥上師尊前，我頂禮。

③本書統一使用帝洛巴為其名，此乃取自最常見的藏文拼音 Telopa。

身與受用心意所化現
敬獻一切供養並讚頌
懺悔往昔惡業盡無餘
自今不再犯作惡業行

隨喜眾生所行諸善業
迴向彼等殊勝菩提因
祈請恆安住不入涅槃
勸請轉動聖乘無上輪

慈心悲心遍滿無方分
勝義俱生和合此本智
猶如諸佛菩薩之所證
祈願加持於吾真實證

我將自己的身財，以及心意所化現的一切受用，
全都敬獻於您並讚頌您；
我向您懺悔往昔所做的一切惡業，
並誓言今後不再造作任何惡行。

我隨喜一切眾生的善業，
並將功德迴向爲殊勝的菩提因。
我祈請您恆常安住不入涅槃，
並勸請您轉動無上殊勝的法輪。

無偏遍佈的慈心和悲心，
以及勝義俱生的本智，
一如諸佛菩薩所直接的了證，
祈願加持令我眞實了證。

祈請加持蘊身證化身
祈請加持命氣證報身
祈請加持自心證法身
祈請加持三身無別現

祈請加持我了證蘊身爲化身，
祈請加持我了證命氣爲報身，
祈請加持我了證自心爲法身，
祈請加持我三身無別顯現。

如是誦畢，心專注安住於上師瑜伽之修證。若有不明晰或有妄念竄現時，觀修與上師瑜伽合一，化光融於己心，心無整無作，平等安住。出定時迴向而誦：「願所行皆成利眾之因」。如是僅依身要及上師瑜伽，即能生起三摩定。律經云：「如外道五百仙人，從一隻曾見獨覺佛之猴子，得其示演之身要而獲五神通並得解脫。」對上師與諸佛之虔誠信力，爲得菩提之因，諸多經續皆有備證，於此不再贅述，當生起堅信定解心。

二、正行

尋心寂止可分：〔首〕先寂止之因，三摩定分支之持心修習

第二座法

身要如上所述，眼觀鼻尖前方四指寬處。不追隨過去之跡，不迎接未來，平等安住於當下清晰無念之證境。

若未能專注安住於明空無別，可依六境而修證：

〈一〉首先於己眼前，清晰緣想任一形相，以眼觀待而持心。有時可依佛相或木頭、石塊等，心觀待於此，不使其他妄念竄現而安住。

〈二〉〔對形相之觀修〕獲得堅固後，可依聲音進行修證。依清晰呈現之水聲、風聲或者任何生命之聲音，以心持守而修。

〈三〉〔對聲音之觀修〕穩固後，對嗅覺上所呈現之不同香臭氣味，持心而修證。

〈四〉如是於舌上所呈現之種種香與非香味道，持心修證。

〈五〉復於身體受覺所呈現之適與不適，持心修證。

〈六〉能於前述五根得此許持守後，依意識所緣法修證。可分為二：有為法與無為法。

第三座法

（一）有為法：

有爲輪迴中應捨妄念法如貪愛、瞋恨、我慢、無明、邪見等五種疑慮，以及根本煩惱與隨煩惱之妄念，均能使心放逸散漫，可擇一清晰呈現之妄念境，心專注其上而修。

亦可專注於對治法中任何清晰善法念，使其不受任何妄念阻斷，持心安住則生覺受。如是對任何所生之妄念，皆具足正念持守於心。了知此要，可不受散漫掉舉所擾，此點甚爲重要。

或有教授主張妄念應捨而阻斷，惟此無法令心安寧，安住上將成障礙，難生三摩定。鑒此，《大乘莊嚴經》云：

「於彼貪等諸體性，凡能如理而趣入，則能現行為解脫，由彼體性得出離❶④。」

❶《大乘莊嚴經論》〈隨修品〉第十四：「於貪起正思，於貪得解脫。故說貪出貪，瞋癡出亦爾。」

④彌勒菩薩，《大乘莊嚴經論》，14:13, 18a4。

（於貪能夠起正思，那麼便能夠從貪解脫而出；所以說，從貪而出離貪，其他瞋癡等煩惱的出離也是如此。）

《喜金剛續》云：

「貪若能縛世間界，貪愛則成解脫性⑤**。」**

（眾生因爲貪愛而被世間束縛；然而，正是透過貪愛本身，眾生能獲得解脫。）

此即善巧方便之意。《辯中邊論》云：

「依此所緣境，勝生無所緣，
依此無所緣，極生無緣體，
依此令所緣，成立無緣性，

如是能了知，所緣無緣境，本質平等性❷⑥。」

（依靠識所得到的，我們就可以知道境是不可得的；

依靠境是不可得的，我們就可以知道識是不可得的；

從識的可得性出發，結果識也成爲不可得了，

因此，我們知道能取和所取的識境二有可得，都平等的成爲不可得性了。）

持守修心前，首先攝集於一境色，若能攝六聚❸於此一境，則能止息緣取其他境念。

---

⑤《喜金剛續》卷二，2:51, 16a4。

❷大唐三藏法師玄奘譯文：「依識有所得，境無所得生，依境無所得，識無所得生，由識有得性，亦成無所得，故知二有得，無得性平等。」

⑥彌勒菩薩，《辯中邊論》，1a4。字面意思即為「不可得」（藏文：mi dmigs pa, dmigs pa med pa；梵文：anupalabdhi or anupalambha），或譯為「無所得」，實為空性之異名。

❸亦即六識。

第四座法

〔二〕無為法：

次爲關連無爲法，不作意緣取所緣六境，自然本體中對於顯現、空、所捨及對治等，不作性相執取作意之思，雙眼仰視前方虛空，身不動且禁語，使呼吸緩慢進出而安住。

吉祥帝洛巴云：

「持心應當如虛空⑦。」

（持守心應當猶如虛空一般。）

亦如薩惹哈云：

「如空而行銜氣平等住，了知一切平等勝融合，箭匠所言何時具此力，速疾捨棄無常動搖性⑧。」

（令心如虛空一般，出入息平和順暢，

在圓滿了知一切的平等性時，心便會完全與其相融。

箭匠〔薩惹哈〕說：在具有此能力時，無常的動搖便會迅速消弭。」

《般若經》云：

「行持般若波羅蜜瑜伽者，即是行持虛空瑜伽士[9]。」

「行持般若波羅蜜的行者，即是以虛空爲修持的瑜伽士。」

應理解所述之內義，如是生起善住修證，成就三摩定及寂止圓滿之因。彼等分支廣解注釋之九住心法以及作意十一種法[10]，可參閱拙著釋論。寂止之因需依持戒，其本質在止息煩惱妄念

⑦帝洛巴，《大手印口訣》，243b3。
⑧《道歌寶藏》，72b7。
⑨《般若八千頌》（梵文：Aṣṭasāhasrikāprajñāpāramitā）第八品，111a2。
⑩出處不明。

執，緣由特殊住心法而生，制伏粗重苦惱爲利益。

以上爲令不定心安住之次第。

其次，

甲、生起勝觀直指本面目：

第五座法

吉祥帝洛巴：

「嗟呼！此自明之本智，超離言詮亦非意識境，

帝洛我無任何法可示，唯有自證自續方了知⑪。」

「嗟呼！此自明的智慧，超離語言道，也不是意識能夠經驗的範疇，帝洛巴我沒有任何辦法可以顯示，唯有你自己了證自心才能夠了知。」

如上述詞義而持心，明而無念，安住本體，觀察六入識❹之現起。此現起之妄念是否端賴於外顯之色、聲、香、味、觸、法而生，或是由眼、耳、鼻、舌、身等現出？以此行擇察辨析，決斷妄念非從彼等而現起，六境與五根各自本質清明但爲無念。

五根識——執取色之眼識、執取聲之耳識、執取香之鼻識、執取味色之舌識、執取觸之身識等五種，亦是由根境相依而刹那呈現，其本質明而無念。追根察底了解六入識，惟意識爲根本。

觀注於意識法時，如同前述五根之識，其自性本質亦是刹那明而無念，六入識之本質無有迷亂。

過去識已斷，未來識尚未生起，於刹那所顯之一切，顯而清明未捨世俗諦。雖形相未成，顏色未成，非因造物者、我或梵我、大自在、微塵、隱性、補特伽羅等所造⑫，自性空故不捨勝義諦。顯空無別，任皆可顯現，依其體性自相，解脫於諸能表之法，當如是證。

此「自明覺」，若人自明了證迷亂得證悟，即稱「本智」，了知本初安住之究竟故。

---

⑪望秋．嘉岑的《無垢法教之大樂：那洛巴傳》（*Great Bliss of Stainless Teachings: A Biography of Nāropa*），58a1頁。

❹亦即六識。

⑫讓炯多傑在《辨識與智》中，將「宿命」（藏文：phywa）之說歸於苯教（中譯者持保留意見），微塵歸於有部（Vaibhāṣika）的見解，隱性歸於經部（Sautrāntika）的見解，補特伽羅歸於非佛教之數論（Sāṃkhya）的見解。

如是眞實現證，凡夫之語實難言詮，因其非煩惱識所行境，故於未切身體驗前，無法指示。

《證道歌集》云：

「任水與燭光自明體現，
我非執著來去取捨法[13]。」

（別去攪擾水或燭光，它們本質上就是清明的。因此我也不去追查心的來去，也不予以取捨。）

又如所云：

「嗟呼！自明此本覺，無有真實可表述，
於彼切勿起迷亂[14]。」

（嗟呼！此自明本覺，沒有任何可表述的實體，於此千萬別迷亂）

《攝見集》云：

「離戲自明此本性，顯而性空復顯現，此故顯空無別體，
猶如水中倒映月，如是定解無二性⑮。」

（遠離戲論的自明本性，雖空但有顯，雖顯但是空，因此它是顯空無別的，這就好比是水中月的例子，當如此定解無二性。）

雖有諸多廣釋引經備證理判，然此處僅爲直指六識本體面。

⑬薩惹哈，《道歌寶藏》，75b2。

⑭薩惹哈，《道歌寶藏》，72a5，其中第二行並未出現在《丹珠爾》收錄的版本中。

⑮那洛巴，《攝見集》（*Dṛṣṭisaṃkṣipta*），244b3。雖然所有的版本都沒有註明作者，它也被收錄在帝洛巴的九篇合集當中，但藏文譯者為那洛巴的弟子馬爾巴．確吉．洛卓（Marpa Chökyi Lodrö），讓炯多傑其後在此文中，認為作者為那洛巴。

如是安住心於清明無念，嫻熟自明本覺顯空無別，則生起寂止與勝觀，摧伏一切粗重煩惱，趣入清淨正道，經上師聖眾開示：「見心！」直指心性本面目，其次第如經云：

「具足最勝寂止之勝觀，摧伏一切煩惱及所知，
初首尋求獲得此寂止，如實而立無有世間欲⑯。」

（具足最勝寂止的勝觀，能夠完全摧伏一切煩惱與所知的障礙障。因此，首先當尋求寂止，當如實的成就寂止時，就不會有世間的欲望了。」

經由上師直指自體本面目之覺受經驗，學習了知並嫻熟覺力。

第六座法

㈠首先應從覺受上了知是否具有證量執持之特徵。持守心故生三摩定，依此現得樂、明、無念之利益。

甲、樂

樂受有二：一爲身樂受，又分三：首先是樂與煩惱相混而生；二爲無煩惱之樂受遍滿全身；三爲終冷熱觸感皆成樂受。二爲心樂受，又分三：一心歡喜，二愉悅，三心離痛苦擾害，如是三種次第與上述同。

乙、明

明亦有二：五根門之明分與意識門之明分。〈一〉五根門之明分：能持心之徵兆，於眼前明晰現起如煙、陽焰、螢火、燭火、月光、日光或火等明光，明點、彩虹以及其他情器種種形色。〈二〉意識門明分：明而散射之所捨和對治諸念生起，了知其爲因緣相合，清晰、明亮、無無明癡睡，生起了知一切法之思。

丙、無念

無念之初，令心持守於所緣之任一處。其次，妄念消融，心能安住於任何境。最終，所有聚合之妄念止息。經由智慧攝持了知樂無自性，故不品其味。於明之因果，無有散失

⑯寂天菩薩，《入菩薩行論》8:4, 23b2。

掉舉之過。雖得無念不動之心，於意識心聚合刹那，當下依自明本覺了知其生滅相，此方為趣入清淨證覺道之首徵。

若對樂受生貪愛執，對明受生勝我慢執，將無念與空受相混，而生藐視因果之思，皆為錯誤處，其雖能證達色界，然無法趣入菩提道，故以智慧攝持甚為重要。

於此階段雖有諸多錯誤處，但皆可攝集於執空現起敵、執悲現起敵，以及執因果念現起敵三種錯誤處。

〈一〉執空現起為敵：一切法皆唯心，故斷定此心離於戲論，一切皆無實，進而生何需精進修持身語意法、無需作任何有為善業行持之思，是執空現起敵之錯誤處。

〈二〉執悲現起為敵：對未證之有情眾，生利益他眾之悲心，而不聞不思教誡，棄己所持之三摩定，反卻執自身與有情為實而投入因緣造作之行，是執悲現起為敵之錯誤處。

〈三〉執念想現起為敵：觀見一切之造作者為念頭，而思維為達覺力遍智，故執著於學習聲明、因明、工巧、醫術等共通事業之成辦，棄捨寂止與勝觀，是執因果念現起為敵之錯誤處。

㈡其次修證覺力：

生起樂受時，以無實空性印相融；妄念追隨於意識之明顯散射時，應以無念清明本覺攝持。若呈現十種徵兆⑰以及五根明顯之神通力等，定斷一切皆爲自心，而不執以爲實或貪愛相執，決斷於自心離戲本面目。生起無念空受之執實時，應與明晰覺受爲印，將二者⑱相融，印證所捨與對治因果緣起。

在幽靜處安住時，諸相相混成一味平等，且晝夜無別，應當嘗試以樂苦相混，檢視自心是否一味平等。若對自身覺受起我慢，了知其爲幻化魔所擾，應盡力觀修，視一切爲淨顯，對有情眾生起悲心，於輪涅之一切不生貪執或瞋恨捨棄之心，悉以平等性作修證。

㈢開顯覺力：

了證六入識與六境，除自心外無有其他作者。首先理解能、所無實，其次經驗覺受之，最後

---

⑰這十種徵兆為：煙、海市蜃樓（陽焰）、雲、螢火蟲、日、月、閃耀的珠寶、日蝕、星星，以及光束。

⑱明之兩種覺受，即為前述的五根門之明分與意識門之明分。（中譯者持保留意見）

眞實現證之。

一切意識心皆是生滅，故擇察等無間識[19]甚爲重要。任何現起之任一六識，爲意識之行聚，皆依於等無間識生起，等無間識雖即斷滅，但黑白善惡業以及不動業[20]等，則由此滲入，並與藏基心相混，故應明了揭露其性。於彼〔等無間識〕相應之染污識從藏基生起，並進而呈現我，對此起我執、貪我、我慢等，因其障蔽自性，故令我等無明。依其緣起所生六入識，卻不知對境與能持二者皆自明時，生起我與我所、能所之執實妄念，因此生起一切煩惱。

基於此理，六入識之煩惱依向外尋伺而生者，爲「見道」所斷[21]；其向內之煩惱，則爲「修道」所斷。入於聲聞乘眾，觀見微細之煩惱，經修證斷所斷之煩惱，雖獲證寂靜涅槃，但仍昧於等無間識及對治法之無我性，故使獲正等覺大菩提成遠道。

獲得禪定心位之具慧凡夫眾，應如是修證：

心安住於無念三摩定，則六聚心斷滅於法性界。復從此三摩定起，觀見細微妄念意識之行聚與變異，彼時若無清淨正覺上師明示見地攝持，則將現起以下之迷妄惑念：生起此意識非眞實成立，亦無眞實出生或所滅之處，而思維一切妄念皆無因之斷見；或是認爲雖遮滅妄念本面目，其卻仍不斷生起，而思維妄念應是恆常之常見；散射之心必有一源處，而思維於內有一實執之我念。

又思維：若遮滅外所顯境即成無念狀，如是遮止外所顯境，起遮止外境之迷思；又有認執泯滅擇察、遮止喜樂、斷滅念覺變異、止息等，思其爲究竟三摩定，而落入執持三摩定爲最勝之錯誤歧途處；又以遮止明而無念取境爲相之想爲究竟，則落入無想定之錯誤歧途處；遮止一切相與實物，欲求如虛空無邊、識無邊、無所有和非想非非想㉒爲最究竟，則落入無色天之錯誤歧途處。

前述之三界一切壞聚惡見（或譯薩迦耶見㉓）之根本，是未能認清此意識，因其爲一切煩惱之來源，故稱之爲染污識，其根本即非清淨妄念。

---

⑲等無間緣（藏文：de ma thag pa'i rkyen；梵文：anantarapratyaya）可見於無著菩薩之《大乘阿毘達磨集論》，讓炯多傑在其《辨識與智》一書中稱之為等無間識（藏文：de ma thag pa'i yid），屬於染污識（或譯煩惱識）（藏文：nyon yid rnam shes；梵文：kliṣṭamanasvijñāna）下的一個分支。

⑳善惡業招致欲界的樂苦，不動業帶來投生色界和無色界的果報。

㉑資糧道、加行道、見道、修道、無修道此五道中的第三道。見道為入聖者位的門檻，在大乘來說，也是入菩薩十地的起點。

㉒此四種禪修狀態，也就是無色界的四種禪定。

㉓薩迦耶見（梵文：Satkāyadṛṣṭi；藏文：'jig tshogs lta ba），「壞聚」指的是無常、會毀壞的五蘊，「惡見」意思是錯誤邪見；薩迦耶見是梵文音譯，認五蘊假合之體為我。

雖然見此外六聚入，明而無念，其本體安住於本智，但爲意識取相執所混淆進而取捨，生起一切輪迴之苦。對治意識令諸善生起，了知輪迴一切安樂乃源於此，擇察所捨與對治二法之意識，於平等定時安住於明而空之狀，修證清淨四禪、無色天等各自之滅定。

處後得位時，通曉了達一切所捨和對治念之因果緣起之狀，了知三輪一切妄想爲垢障，體解諸法以平等性、空而無我爲印。於藏基心，無有我與我所之驕慢執，在未清淨一切煩惱，諸念未得自在前，當戮力精勤實修。

上述修證妄念力之廣大釋解，可參見拙著《四連關論》㉔。

六入意識明而無念狀　　依於六識的清明和無念，
嫻熟了知真實離變性　　嫻熟了知其眞實離變異的體性
依此能令自明真實意　　你就能剎那現見自明本智，
剎那現見彷如水中月　　彷佛水中的映月一般。

如是故使有障之藏基　　因此，可以透過推斷的方式，

無遮猶如明鏡大圓智
究竟實相比量方式見

從有遮障的藏基，
來了知無遮障的大圓鏡智。

現前煩惱粗重及隨眠
了證對治捨變本體面
捨治二項證量盡無餘
各各了知清淨之智慧

對於現前煩惱和隨眠煩惱，
依對治法予以棄捨、轉化並了證其本體，
將二項（現前和隨眠煩惱）完全予以對治和棄捨，
便能各各了知清淨的智慧。

由此所獲自在三摩定
此時藏基真實而顯現
如來體性果位等諸念
剎那解脫故而淨藏基

由此能獲證自在的三摩定，
這時藏基便眞實的顯現出來了，
剎那間從對於如來體性、果位等的思維概念中解脫，
藏基因此而清淨，

㉔出處不明。在別處將第二部著作稱為《見修之四連關論》。

現時獲證菩提正等覺
嗟呼未證此體眾
我與我所縛凡夫
人無我法聲聞眾
對治法令束縛之
雖修法之能取力
雖證獨覺仍有執
藏基地證留於道
了證一切圓覺佛
故此即是無上等

當下獲證菩提正等正覺。

可悲啊！

不明白此本體的凡夫，

以「我」和「我的」來將自己束縛；

聲聞眾則是受到「人無我」此對治法的束縛；

以觀察萬法爲修學，雖然能夠證得獨覺（辟支佛）的果位，

然而獨覺眾尚未了證能知者是藏基而有所執著，

因此，他們仍然處於道上（未達果位）。

圓滿的佛果便是了證一切，

這就是爲什麼佛果是無上的原因了。

三、闡釋結行之義

如是於生起寂止及勝觀時，若有昏沉掉舉等妄念，認知昏沉面目而捨之。具足善巧及不放逸之口訣闡釋法，辨別色相，令心遍一切而住，觀察因果，熟讀甚深經續論典，並觀修之。心呈現掉舉散漫時，氣如騎乘令心牽動，故應攝伏氣息，著重所緣要點修持，觀察自體，修持法性義，以增上樂三摩定而修持。

如是修證覺受時，行持遠離二邊執，不違背持戒與誓言而修持。

修證如是瑜伽者
不為未證泛言行
證量不遮行持道
依止自他利益行

按照這樣來修證的瑜伽士，未獲證悟之前，言行不應裝模作樣，但對於了證的行止則不加以遮止，而是以對自他的利益爲依止。

從第一座以皈依發心攝持，最終迴向利益等空無邊一切有情，祈願增上。

吉祥帝洛巴闡述見、修、行、果之真實本質：

「**解脫一切邊際即見王，無有放逸即為修行王，**
無有造作勤事即行王，無有希疑現見成果位㉕**。**」
（解脫一切邊際的見地，即是見地之王；
無有放逸，即是修行之王；
無需努力勤事，即是行止之王，
沒有期望或疑惑，即是現起之果位。）

吉祥那洛巴亦云：

「**如是見諦無謬誤，修證以及諸行止，**
實際相合獲菩提，猶如上道之駿馬㉖**。**」

（如果你的見地是沒有謬誤的，
你的修證以及行爲舉止，都與見地相符合，
那麼，就如同是飛馳在賽道上的駿馬一般，你會迅速證得菩提。）

又云：

「若見諦非清淨正見，則成疲乏無義事㉗。」
（如果沒有正確的見地，那麼〔修行〕就只是徒勞無功。）

㉕《大手印口訣》，243b5。
㉖《攝見集》，245b1。
㉗出處不詳。

又言：

「實際未與見相合，修證行持成迷亂，
不得如是之果位，猶如盲人無所從㉘。」

（如果實際上不符合於見地，
那麼你的修證和行持就會是迷亂的，
好比是一個缺乏引導者的盲人，
你是無法得到眞正的果位。）

如是眞實直指自身俱生大手印、顯現與空性無別之義、空性與悲心無別之修證、如理體驗寂止與勝觀，以及遠離五種逆緣㉙、實相無念三摩定、無有作意之本面目大手印釋解之次第。

怙主月光童子㉚之教言口訣，經由讓炯多傑（意爲：自生金剛）不摻雜個人妄念思作，不以辨析之語，廣略解之。

集結諸佛經續典
宣述深道俱生合
此由帝洛那洛巴
口訣攝集詞義述

能仁在經續典籍中所宣說的
俱生和合的甚深修道，
帝洛巴和那洛巴
將之總攝爲實修口訣，

末學眾者各自說
些微覺受體驗釋
亦有擇察判別說
諸非不善之論述
但皆分別取見執

後世的弟子們各自予以宣說，
有些人是依照覺受經驗來教授，
也有些人是以擇察分析來解說。
這些教示並非不好，
然而都只是片面之說。

㉘《攝見集》，245b1，它緊接著前面同一出處的引文，並與之對照。
㉙此五種逆緣未說明。
㉚亦即岡波巴；此教言口訣之出處不明。

但此俱生和合義
一通百解遍智境
了證詞義證量別
善令一切有情眾
祈願獲正俱生義

因此，俱生和合此
一通百通的殊勝智慧，
在此透過文字、詞義和證量分別予以揭示。
祈願此善業，
令一切眾生了證此俱生和合。

此應結合六法而修證。
甲子年五月一日，於德千（大樂）[31]而書。

㉛德千為讓炯多傑位於楚布寺上方之閉關中心。（中譯者持保留意見）

5

了義大手印祈願文

第三世噶瑪巴·讓炯多傑 著

導讀

由第三世法王噶瑪巴所著作的這篇祈願文，又稱〈大手印願文〉，是本書中最廣爲人知的著作。它的用辭簡潔，每四句偈都可獨立論述，因此廣爲流傳，並且有許多不同的翻譯版本[①]。這裡的中文翻譯採用的是敬安仁波切、東嘎仁波切，以及釋修聖的合譯。

①大司徒天佩・寧傑（Situ Tenpai Nyinjé）所著〈無上成就之口傳〉（Oral Transmission of the Supreme Siddhas），收錄於羅伯斯之《大手印及相關口訣》175—288頁。亦見雪樂・多傑（Sherab Dorje）之《第八世大司徒對第三世噶瑪巴大手印願文之釋解》（*The Eighth Situpa on the Third Karmapa's Mahamudra Prayer*），二〇〇四年紐約綺色佳雪獅出版社（Ithaca, NY: Snow Lion）。

南摩咕如

上師本尊壇城諸聖眾，
十方三時諸佛及佛子，
悲念於我及我所發願，
願皆如意成就祈加持。

我及無邊一切有情眾，
意樂加行清淨雪山生，
三輪無著善業長流水，
願皆匯入四身佛海中。

乃至未得如此果位時，
所有一切生生世世中，

禮敬上師

上師、本尊、壇城中的聖眾，
十方三時的諸佛及佛子們，
請以大悲顧念我並加持我，
令我所發的願都能如意成就。

我及無邊一切的有情眾，
從意樂加行清淨雪山所出生的
三輪無著的善業長流水，
願都能匯入四身的佛海當中。

在還沒有獲得如此的果位之前，
所有的一切生生世世中，

不聞罪業苦惱之音聲，
願常受用善樂福德海。

願就連罪業、苦惱的音聲都不會聽到，
願恆常受用善樂的福德大海。

具信智慧精進及暇滿，
侍善知識得授極心要，
如法行持無諸中斷障，
願修勝法生生世世中。

願我具備信心、智慧、精進及暇滿，
侍奉依止善知識並得授教法的最勝心要，
願我如法行持沒有各種中斷的障礙，
願我生生世世都能修學殊勝的法教。

聞思教理無知遮障離，
口傳抉擇滅諸疑惑闇，
修生光明鮮明顯實相，
願令三智明照更增勝。

願得聽聞教理令無知的遮障遠離，
思維口傳要訣滅除疑惑的黑闇，
修證的光明照亮顯明實相，
願三智的明照更爲增勝。

離有無邊二諦之基義，

遠離有和無邊的二諦乃是基義，

離增損邊勝道二資糧，
離輪涅邊二利獲勝果，
願遇正法無錯無誤導。

淨基心性明空本雙運，
能淨大印金剛大瑜伽，
所淨忽爾迷幻之垢染，
願淨之果無垢法身現。

於基斷諸增益決定見，
守護於此無散為修要，
精通於修即是最勝行，
願於見修行三得決定。

遠離增和損邊的二資糧乃是勝道，
遠離輪迴和涅槃邊的二利乃是獲得的勝果，
願值遇無錯無誤導的正法。

要淨化的基是本性明空雙運的心，
能夠清淨的是大手印的金剛大瑜伽，
所清淨的是暫時的迷幻垢染，
願清淨的成果——無垢的法身現前。

斬斷於基的增益獲得決定的見地，
無散亂的守護見地即是修證的要點，
精通嫻熟修證之義即是最殊勝的行止，
願於見、修、行三者獲得決定。

一切諸法皆心所幻顯，
心亦無在心之體性空，
空而無礙一切皆顯現，
願善觀察斷增益深根。

自顯無實迷執為外境，
以無明故執自明為我，
被二執驅漂泊諸有界，
願破無明斷盡惑幻源。

非有以至諸佛亦未見，
非無此乃輪涅一切基，
非悖此即雙運中觀道，
願能領悟離邊心法性。

一切萬法都是心所幻顯的，
心亦不可成立，沒有實質的體性，
心空而無礙一切都能顯現，
願善於觀察，斬斷增益的深根。

〔心的〕自顯沒有實質，但卻被迷執爲外境，
因爲無明的緣故而把自明誤認爲是「我」，
因爲二執的驅策，令眾生漂泊在有界，
願能破除無明，斷盡惑幻的根源。

〔心〕並非是有，以至於諸佛也未曾見過它，
〔心〕也並非是無，它乃是輪涅一切的本基，
與此〔二者〕不相悖，這即是雙運的中觀道，
願能領悟離邊的心性。

無有任何可指此即是，
亦無任何反證此非是，
法性超越心識本無作，
願能確定圓滿真實際。

不悟此故流轉輪迴海，
若悟此者證覺非他處，
一切諸法無有是與非，
願見法性阿賴耶之患。

顯現是心空寂亦是心，
了悟是心惑幻亦自心，
生起是心滅者亦是心，
願斷一切增益於自心。

無有任何正說可指出：「這個就是它」，
也沒有任何反說可言：「這個不是它。」
心性實相乃是超越心識的無爲法，
願能決定圓滿的眞實際。

因爲不了悟此理，所以流轉於輪迴的大海中，
如果能夠了悟此理，證覺除此之外沒有他處可求，
所以萬法已無是此非此的一切謬論，
願見法性，以及見阿賴耶的隱患。

顯現是心，空寂也是心，
了悟是心，惑幻也是心，
生起是心，滅者也是心，
願斷除自心中一切的執無爲有。

未經刻意造作修所染，
未遭世俗散亂所動搖，
了知安住本然而無作，
願善修習護持心要義。

粗細分別波浪自消歇，
平緩心河漸漸歸停息，
離卻昏沉掉舉之混濁，
願得安寧堅固寂止海。

數數觀察無可見之心，
洞見本然不可見之義，
永斷是耶非耶之疑慮，
願此無謬自性自顯現。

未經刻意造作的修證所污染，
未遭世俗的散亂所動搖，
了知自然安住於本然而不造作，
願具足能力，精進於修習和護持心的要義。

粗細妄念的波浪自然消歇，
平緩的心河逐漸停息，
遠離昏沉和掉舉的混濁，
願獲得安寧堅固的寂止海。

當再三的觀察那不可見的心時，
就會洞見那本然不可見的義理，
永遠斷除是義或非義的疑慮，
願此無謬的自性自然而顯現。

觀察境時無境唯見心，
尋找心時無心心性空，
觀察二者二執自解脫，
願能了悟光明心實相。

此離作意即是大手印，
此離邊者即是大中觀，
此攝一切亦名大圓滿，
願由知一得悟一切義。

無貪著故大樂續不斷，
無執相故光明離遮障，
無念超思任運自顯現，
願生離勤修受無間斷。

觀察境時，不見對境唯見自心；
尋找心時，找不到心，因爲心的本體即是空；
觀察心與境二者，二執自然解脫，
願能了悟光明即是心的實相。

此遠離作意者即是大手印，
此遠離邊者即是大中觀，
此容攝一切者亦名大圓滿，
願由了知此一而了悟一切義。

沒有貪著故大樂續不斷，
不執著於相故光明離遮障，
無念故超離思議，明空任運自然而成就，
願離勤的修證覺受永遠無間斷。

善妙覺受貪著當下解，
惡念迷惑自性界中淨，
平常心無取捨與得失，
願悟離戲法性真實諦。

眾生自性恆常圓滿覺，
未悟此故無盡漂輪迴，
於諸痛苦無邊有情眾，
願我心續生起強烈悲。

悲時難忍大悲震撼力，
空性赤裸閃耀現於前，
於此最勝雙運之大道，
願我晝夜修習永不離。

對於善妙覺受的貪著，當下得到解脫；
於惡念的迷惑執實，在自性體空中，自然得到清淨，
平常心沒有取捨與得失，
願了悟離戲法性的眞實諦。

眾生的自性恆常就是圓滿的本覺，
因爲沒有了悟此的緣故，以致於在無盡的輪迴中漂泊；
對於痛苦無邊的有情眾，
願我心續生起強烈的悲心。

悲心生起時，它的震撼力令人難以忍受，
其體性空赤裸閃耀現於前，
於此最勝的悲空雙運之大道，
願我晝夜修習永不離。

修力所生眼等諸神通，
成熟有情清淨諸佛剎，
願以成就踐行諸佛法，
圓滿成熟清淨成正覺。
十方諸佛佛子大悲力，
所有一切清淨善業力，
願我以及一切諸有情，
所有淨願如意皆成就。
以修證的力量所生的天眼等神通，
來成熟有情眾生，並且清淨諸佛剎土，
願以實踐一切佛法，
來圓滿、成熟、清淨、獲得正覺。
以十方諸佛和佛子的大悲力，
以及所有一切清淨的善業力，
願我以及一切有情眾生，
所有清淨的祈願皆得圓滿成就。

6

無垢明燈——最勝闡明大手印究竟義釋論

孜立那措讓卓 著

導讀

作者孜立那措讓卓（b.1608）同時爲第六世夏瑪巴・確吉旺秋（1584–1630），以及第十世噶瑪巴・確映多傑（1604–74）的弟子，童年時便被認證爲轉世祖古，師承噶舉派和寧瑪派的上師。他所著作的這篇〈無垢明燈——最勝闡明大手印究竟義釋論〉[①]，不僅是修行的口訣指引，更是以根、道、果來闡述大手印，並且說明大手印的修證次第與一般佛法教授的菩薩地的關係。

①此文更早期的英文翻譯，一九八九年由波士頓香巴拉出版社（Boston: Shambhala）出版為《大手印之燈》（*The Lamp of Mahamudra*）。

南無瑪哈姆查耶

本初圓滿清淨體
究竟遠離諸戲論
自性光明勝本智
如是了證誠禮敬

體性雖無可成立
顯分現起化種種
無別本初自解性
開示本面而述之

禮敬瑪哈姆查耶！

本初圓滿的清淨本體，
乃是遠離一切戲論、
自性光明的無上本智，
我以如是的了證虔誠禮敬。

此本體雖沒有任何實質得以成立，
但卻能有種種顯現，
爲了認證此本體和顯現的本俱無別且自性解脫，
我給予此教示。

尊勝佛陀浩瀚無邊之諸教言意趣之精華，皆爲一切有情現證成就本俱之如來藏本智，而宣說種種法相及無數宗乘教導。其因應所化眾生之不同虔信及根器，而善巧開演諸多法門和竅訣，悉爲諸佛稀有殊勝大悲事業力之示現。此等中最殊勝者，是速道果位諸金剛密咒乘頂端究竟義、一切殊勝成就持明趣入唯一大道、如日月般聲名遠播之大手印。今於此簡要闡釋其殊勝義趣之日常修持所需之攝要竅訣。

於此勝義以三要項闡釋。何爲三要項？

一、從基位大手印究竟實相上之迷惑、解脫二分，攝要開示見地之義。

二、道位大手印自然鬆坦之止、觀二門，闡述廣大修證之道。

三、果位大手印開示離垢勝義，佛三身現前、其利益有情之境界攝入滅等三要典。

一、基位大手印

輪迴與涅槃從未成立，無有分別執持邊，其本體不受樂苦、是非、有無、常斷、自他等名相之染垢，因此遠離增損邊。依本體不成立之要，故成爲諸顯相、性相之基，雖有呈現，然勝義無有眞實可成立，遠離生、滅、住三者之邊。此大空無爲之法界，本初即爲三身任運之自性，稱「基位究竟實相大手印」。《密集續》云：

「無有根基此心性，是為諸法之根本②。」
（此沒有根基的心性，卻是萬象的根基。）

此並非僅屬個別眾生或一佛之心續所具有，而是遍一切萬有輪涅眞實之基。明覺了知此安住狀或眞實性，故稱「正覺佛」；對於未能了證此，由無明而現迷亂者，則稱爲「有情」；又因其爲流轉輪迴之基，故亦稱「輪涅本基」。如薩惹哈大士云：

「唯一心性一切之種子，由彼化現輪迴涅槃相③。」

---

② 《密集續》第 5 章，115a5 頁。
③ 《道歌寶藏》，72b5 頁。

「惟此一心性乃是一切的種子，輪迴和涅槃都是從中化現而出。」

其本質相同但所現不同，區別是證與未證。雖呈現種種不同相，但於任何時段中，此二項之自身本質均未受利害、變異等諸過所垢染，爲本初安住於大無別之三身，於共同乘各階段，無變圓成④，爲究竟本初基。

於此安住之性相，若其非爲證與未證二者，而是住於平等無記狀，則稱爲「藏基」（阿賴耶），成爲輪涅二者之基礎。此藏基非全無之頑空，其具呈現無滅之自明識，故稱爲「藏基識」，如同鏡子及其能明亮之分。

輪涅殊別惟起於此一藏基：此自明識之明覺分或本智分，爲體性空明無別之本覺，其爲佛之功德以及一切究竟道諸法之種子與因，故稱「加行勝義藏基」。「如來藏」、「本覺法身」、「般若波羅蜜」、「自心佛」等超離涅槃之諸法相名詞，皆與彼同義，是修持眾道上所需之現前因，或「直指之本來面目」。

其次，此無記藏基之愚癡分，乃未能自明了覺本面，因未證得究竟而遮障自本性，稱爲「俱生無明」、「無始以來之大晦暗」；又一切煩惱與迷亂妄念皆生於此，故亦稱「種種習氣之藏基」，此乃一切有情迷亂之基。如《意趣無礙續》云：

「根本明覺未認知，落入無知失念暗，此即無明顛倒因⑤。」

（當根本明覺不被認知時，便會落入失念的黑暗之中。這就是無明和顛倒的因。）

---

④唯識派，又稱瑜伽行派，其教有三性：遍計所執性（妄有）（藏文：kun tu btags pa, parikalpita），意指所認知的對境純粹為思維計度；依他起性（假有）（藏文：gzhan dbang, paratantra）非思維計度而是因緣和合所生之現象；圓成實性（實有）（藏文：yongs su grub pa, pariniṣpanna），自心本質之直觀。實性有二分：不變和不退（irreversible），見蔣貢康楚羅卓泰耶《知識寶藏》第六冊之三〈佛教哲學綱要〉（Frameworks of Buddhist Philosophy），175—94頁，二〇〇七年紐約綺色佳雪獅出版社（Ithaca, NY: Snow Lion, 2007）出版。又見丹．盧棱斯（Dan Lusthaus），《佛教現象學：瑜伽行派哲理之探究》（*Buddhist Phenomenology: A Philosophical Investigation of Yogācāra*），二〇〇二年倫敦羅德里奇出版社（London: Routledge Curzon, 2002）出版，以及斐納多．托拉（Fernando To a）和卡門．卓根內笛（Carmen Dragonetti），《意識生靈：佛教瑜伽行派之哲學》（*Being as Consciousness: Yogācāra Philosophy of Buddhism*），二〇〇六年德里莫提拉．巴納惹希達出版社（Delhi: Motilal Banarsidass, 2006）出版。

⑤揚貢巴（Gyalwa Yangönpa），《無礙大圓滿大密續》（*The Great Tantra that Teaches Unimpeded Dzogchen*），15a3頁。

屬於此無明範疇者之中等貪愛、放逸、失念等，是由愚癡所現起之七種妄念。如是由俱生無明所現起之我及我執等分別妄念，依我而生他，因未了知顯相乃自性所顯，而將之執持爲外境。未了知所執取妄念之本來面目是引生迷亂之根源，稱「遍計所執無明」，亦稱「意識」，其爲分別境與心之迷亂心，隨順引現貪愛等欲望，共有四十種妄念。

其次，由意識遊舞之力造成種種迷亂習氣增盛，業風成其助伴爲遍行緣，以及藏基無明等因緣和合之力，形成身、外顯及心三種，並呈現五根識及六入住之分別妄念，稱「依他起性」[6]。五種根本氣和五分支氣等爲妄念所駕馭之工具，習於執持自顯力之妄念，形成情器之顯相，而現起之諸相成爲所依之基及所執之境，稱「染污識」。因其能趣入五根諸門，成爲貪愛之作者，亦稱「五根識」。順其範疇之中品離貪[7]等，共有三十三種瞋念所起之分別妄念。此根本之藏基及其種種之習氣，以及自性分支之八十隨順諸妄念，層次增廣成爲迷亂幻輪，因而流轉遊蕩於無盡輪迴中，此乃未證悟之有情迷亂之相。

輪涅諸法以習氣種子之狀安住於藏基，各自呈現相互依存之緣起：於內，現起實有粗體身及脈、氣、明點等各種淨濁之實物；於外，現起三界輪涅一切情器物。從勝義而言，彼皆非眞實，然於世俗諦，諸境如夢幻而顯。若恆常執其爲實有，以貪愛執著習氣力更爲增長，因此嘗受三界六道種種之樂、苦、平等行，因果輪迴猶如水車恆常不停地轉動，此雖皆是有情之總體性相，令有情迷亂流轉於輪迴，惟體性如來藏或本覺體性，從未變異或為微塵所障蓋。《二品續》云：

「有情眾即正覺佛，然被分別客塵障⑧。」

（有情眾生即是正覺佛，只不過是被分別客塵所障蔽罷了。）

本初究竟勝義上，三身巍然無別。儘管中期被分別客塵迷顯所障蓋，然其自性本面目、三身清晰明朗，終能清淨遮障，二智增廣。果位現前時，三身坦然安住。依是否捨離斷滅迷亂妄念無明垢，假名安立「迷亂」與「解脫」二名相。《究竟一乘寶性論》云：

⑥此即瑜伽行派之三性之一，見註解④。

⑦此指的即是不執著於己所厭惡之物。（中譯者持保留意見）

⑧《喜金剛二品續》（Hevajratantra）卷二4:70，22b3頁。

「如昔體性隨如是，無有變異法性體⓳。」

「如來的眞如本體，過去和未來都不變不異。」

心性本初清淨之本質雖任運而成，但因分別迷亂和俱生無明，如黃金褪色生垢，其由自而生並遮蓋自身，〔諸佛〕爲使其清淨故宣說種種方便法。惟自然本智超離戲論，本體即遠離三時變異，是眞實智慧分。諸道皆攝集於方便和智慧二項，是一切諸佛之究竟意趣。

然如是論述，或有思惟：「於前述之唯一藏基爲何分出輪、涅之別，是否合理？」例如藥物龍腦（冰片），依寒熱病症飲用，有各自不同之利弊。某種毒物經咒語等和合方法成爲藥物，但若偏離理法食用則致死。於此，若能了知明觀藏基之此二本質，知其本來面目則得解脫；但若未了知明覺，則成我執而迷亂。彼等之駕馭轉變僅在於證與未證間。聖者龍樹云：

「彼為煩惱網所縛，凡此稱謂有情眾，彼若捨離煩惱垢，亦是稱謂正覺佛⑩。」

「被煩惱網所束縛的，稱爲有情眾；捨離諸煩惱的，稱爲正覺佛。」

如是，若能以諸法精要之了義大手印善巧口訣法攝持，即達至基位大手印究竟位。道位大手印清淨迷亂妄念染垢，果位大手印獲證三身成就地，開啓二利大寶藏。具緣士夫應尋求具加持力和善知識性相之上師，依止如善財童子和常啼菩薩⑪等，或如帝洛巴與那洛巴大師傳記所述。

金剛乘主要入門之道，是以廣略不同之次第，使其心續成熟。於解脫口訣導引上，首先重視一切共與不共殊別前行指導，對此等修行不應貶視或怠惰，當精進修證使各項皆具備所修徵相。特別於上師瑜伽虔信修持，應無有異心使修證力突顯，令傳承加持續流降臨，此爲噶舉言傳持明聖眾所修之心要精華。《止息廣大河流續》云：

❽中文大藏經之後魏中印度三藏勒那摩提譯版本：「本際中間際，及以後際等，如來真如性，體不變不異。」

⑨彌勒菩薩，《究竟一乘寶性論》1:51, 57a2 頁。

⑩〈讚法界頌〉（梵文：Dharmadhātustava）卷三十七，65a3 頁。

⑪善財童子師從諸多上師，他求教於彌勒菩薩為故事最後的高潮，見《華嚴經》〈入法界品〉。常啼菩薩艱苦決志求法的故事，可見於《般若八千頌》第三十章。

「離言絕思俱生之本智，端依積資淨障而成就，具證上師加持方可得，當知若依他法是愚昧⑫！」

（此超離言語思議的俱生本智，端依積資淨障及具證上師的加持才能證得。如果依賴其他的方法當知是愚昧的作為啊！）

其次，於正行依個別傳承修行傳統，不論從見地上觀修並執持修證本面目，或從修證上決定見地，其關鍵核心為必需獲得傳承上師之加持。

正行見地之總述依各個宗乘之別，於見地亦有各種不可思議之宗義，而成立宗乘個別眞實之性相，其皆是諸佛浩瀚無盡事業之莊嚴門。是故吾於此不贅述其淨或不淨等弊端，而皆隨喜之。

吾於此所述之見地乃是：心性本初圓滿任運而成，不住過去、未來、現在三時，捨離生滅、住來去等等戲論，不受輪涅三界有相緣取執之垢染，不為有無、是非、常斷、利害、高低而增損，對所障輪涅涵攝之一切萬有法不破立、取捨或轉化。而於本初如是安住位，自性明晰顯空無別，明空雙運朗然，本初趣入解脫遍廣，空然無為任運本初自然體性，即「正行見地」。此本性本初遍廣，為輪涅一切體性，除此之外，無有其他零碎片面分別之見地。

如是了知本初狀態，並明覺了證二執之欺誑，稱「了證見地」，亦稱「現見本來面目」或「明了法義」。《道歌寶藏》云：

「若能了證此即是一切，除此之外無有可了知[13]。」

（如果能夠了證此即是一切，除此之外無有任何可了知的。）

實義上，萬有輪涅一切，是三身覺力遊舞，自心本性亦爲三身自性，彼等皆未超離勝義法性。其次，輪迴諸法爲心之性相狀，道位一切法是心之功德狀，果位一切法即心之力量狀，均完整涵括於此。心性自身本質是無生法身，覺力是無滅報身，遊舞展現之種種則爲化身。此三者本質無別、任運而成。如是知其義理而覺斷了證本來面目，稱「了證無有顛倒清淨見地」，除此之外無有贅述。如有無、離邊、高低、利害等有相執取，並作意觀察妄念，此所安立之「見修大手

⑫當巴．桑傑（Dampa Sangye），《密續精華錄》（*The Essence of a Precious Portion of the Tantras*），6b3 頁。
⑬薩惹哈，《道歌寶藏》，71b2 頁。

印」乃分別見地。

二、道位大手印

修證自然鬆坦之止觀二門，廣解闡述如何趣入之方法

釋解道位大手印之止、觀、過失、功德、根本位、後得位等瑜伽士之道位修證方法。

I. 寂止

一般而言，「修證」此一名相雖有諸多釋解，諸宗於各自修證方法亦不勝其數，實難一一陳述；於此，如前所述之究竟內義之見地，令之嫻熟行持於心續，故修證名相僅為假名安立，非實物色相之作意修證，或遮滅心之變異念顯，造作之觀修空性，而實為自心無造無整之修證。

因於根器及智慧等種種分別，故於上等利根行者、資糧齊備現前者，無須次第觀修，於直指本面目之當下便獲解脫。但對於凡夫眾，仍應以次第釋解引導觀修。其於寂止次第中，首先以有相禪定，如專注於木條、石子、塑像、字母、明點、氣息加行法等，獲得決定能力後，再趣入無

相殊勝寂止。

正行寂止：以三種平等定法門闡釋。

〈一〉心不隨內外緣境，無有散漫放逸，無整鮮明而安住。

〈二〉三門不過度緊提，無造自然鬆坦而安住。

〈三〉於妄念之本質和念覺二者，不作區別捨離之對治，而於自明自覺自性清淨中安住。

前述三種定，亦有其他名相，如無散、無修、無作等。共乘所述之三解脫門，亦完整涵蓋於此：

1. 心對過去行爲等不擇察安立成敗，是「無相解脫門」。
2. 心當下對所顯之法不作意轉變、不破立，是「空解脫門」。
3. 心對未來亦不迎受思等，例如希望現起修證覺受，或有未現之疑惑，無有欲求之思，是「無願解脫門」。

簡而言之，一切集於此心，當自然無造無整安住。

於安住中，妄念驟然現起時，不追隨所顯妄念之痕跡，清晰了知自心本面目即可。不刻意遮止亦不攝意觀修，或運用其他法門對治，彼等行持皆非心性無整保任之要。其他修行道有種種方法，於此了知所顯一切，唯自心本面目，若尋求他法，則非大手印修證。薩惹哈云：

「有情修為作意染，惟無任何可修因，剎那洞見皆無立，即是修證大手印⑭。」

（有情受到作意修證的染污，其實是沒有任何可修證的，在洞見萬法都不可成立的剎那，這即是大手印的修證。）

如是心安住於平等究竟之實相，寂止之三種覺受將次第現起如下：

〔寂止之第一種覺受〕

首先，心現起較以往更盛更強烈之掉舉妄念。次於中時，有些微安住，但不應視念頭散射為過失，妄念自始即散射，因未能守持其本質，惟今了知散射與安住之別，稱爲「初學寂止」，心如山澗瀑布水流。

〔寂止之第二種覺受〕

若能如是護持修習，大致得壓伏妄念之勢，令心入緩和狀，身心安樂，不貪執其他行徑，而歡喜安住於平等定。僅短暫呈現散射，多數時已無有妄念變異散射，安住狀成較勝，是「中間位寂止」，心如緩慢大河。

〔寂止之第三種覺受〕

其次，無有放逸精進修持，身無苦憂、樂受遍滿，心明晰無混沌，不知已超離煩惱、不受其擾。安住於平等定於掌控之時段內，無有動搖不受惡緣所擾，止息現前煩惱，不起食衣之貪著念，並示現有漏神通以及各種明顯覺受差別，並出現種種近似之共同功德，是「究竟寂止」，心止如大海不動搖。

此時，若未知遇嫻熟成就之上師，雖具甚強毅力之修習，但因寡聞鮮少閱歷，多數修行者易沉迷於近似之功德而生慢執。凡夫眾雖視彼等如成就者，但依此將使自他皆墮損，故應慎之。

⑭出處不詳。

教云：單依寂止修證，雖然不能成爲修證大手印正行，但爲其所依之基礎，故開示講解至爲重要。尊勝羅日巴云：

「無有明分寂止安住，修時雖長無法證義；起現本尊具足覺力，應修短時相續定覺[15]。」

（不具明覺的寂止，就算修證的時間很長，還是無法證義。〔因此〕，應該起現本尊具足覺力，進行短時間的相續修證。）

II. 正行：勝觀

於心之本體上，擇察其形、色等有相，以及來、去、住三者，有無、生滅、常斷、中邊等是否成立。若未剖根解析、徹底決斷地擇察疑惑，則無法回歸至究竟本初見，因此無法使修證保任於自然無整。若未認知，雖勤勉精進於寂止，而落於愚昧修持及執心之苦患，則未能超離三界輪迴因果業。因此，需於具性相上師前，於增益垢得以抉擇斷定，尤其密咒乘以加持爲道，故應當精進於虔信祈請，勤修傳承加持證悟流降之善巧法。

如是修證自身本覺，從本初與法身本質任運，誠如前述見地。眞實現前離念本智，不落有無、是非、常斷或任何邊，覺證明、覺、空三無別；雖已達證，但無法以譬喻表徵或言語道盡，此自然清晰自明稱「勝觀」。

實物各自出生時，未曾與彼體性有刹那之離合，惟因未得到口訣與加持之攝受，故不知其本來面目。中期，於寂止平等安住與否、或住與未住之能觀者等一切，雖皆爲彼體性，然未見自體。凡夫位時，相續流竄之妄念均是勝觀，現起爲妄念外無他。寂止之覺受樂、明、無念等，均爲勝觀本覺自性現起之外無他。但若未明了離念鮮明本面目，則僅落於安住分，無法成爲菩提因。當自證了知本面目之始起，則任何安住之現起皆爲勝觀或大手印。羅日巴云：

「六聚任何境顯現，若無意識執取者，諸皆自顯自解脫，修眾證此無別否？[16]**」**

（對於六識所顯現的任何境，若是沒有執取者，都是自顯自解脫的。眾修行者啊！對於此無分別，你是否了證了？）

⑮羅日巴（Lorepa Darma Wangchuk, 1187–1250）為竹巴噶舉下竹分支（或稱藏東分支）之祖師。此引文出處不明。

⑯出處不詳。

攝要而言：妄念自地滅息，心安住於樂、明、無念體中，此即寂止。心之本體自明無境而遠離增益，鮮明清晰見之，此即勝觀⑰；或是遠離妄念流竄及聚合爲寂止，了知其變異之本來面目是爲勝觀⑱。

於此雖有諸多釋解，然其究竟義皆爲：一切顯現除止觀無別之外無他。安住與變異均未超離此心之遊舞力，若能無時無刻了知二者之本來面目，即是勝觀自住。於外顯任何之六聚，無有實執貪愛即是寂止，現起之門無礙顯現是勝觀，故於顯現上完備止觀雙運；妄念驟然現起時，清晰了知其本面目是寂止，此心能離念、鮮明而解脫是勝觀，而於妄念上成止觀雙運；極其猛烈煩惱現起時，不隨順執實之念，觀見其本面目是寂止，於能觀明覺與所觀煩惱，明空鮮明即勝觀，故於煩惱上成止觀雙運。

總言之，心性自身本體，住變、離合、利害等均不成立，知彼所顯皆僅是覺力遊舞之無礙現起。寂止與勝觀雖然如是成立無別雙運，然於顯相爲令凡夫趣入易於了解，故闡示名相及其各自之殊別。

惟若僅依上述單一之寂止，無法成爲修證大手印正行之理趣。僅依單一之安住分，稱「世間禪定」：外道宗派以及教內聲聞緣覺之禪定，或諸天道之禪定皆與之同，其皆非密咒乘第四灌之正行道，特別是對於安住之覺受實有之貪愛，故不堪成爲大手印。大手印是以萬法爲法身之道用，若對安住與變異二項，進行是非、利害、取捨之修證，則萬法無法成爲法身之顯現，因所顯即「無造大手印」。

如是概述止觀內義後，現略述其過失和錯誤流失。共分兩項：總述不知如何安住平等狀之錯誤處；別述歧途和流失，以及如何淨除之。

一、總述不知如何安住平等狀之錯誤處

諸多無數甚深口訣之修證，如大印、大圓滿、道果、斷法、息法等，其共同意趣之唯一要點是令自心無造安住，惟依不同眾生理解而有各種法門。

由此區別若干修行者：僅持斷滅六聚之一切粗細所顯，並執無念爲修證，此寂止爲「落入鬆散歧途處」；或有愚昧驕慢者未爲念覺所攝，執堅固無記爲修證；亦有貪執於心之清明、舒適安

⑰出處不詳。
⑱出處不詳。

樂、一切皆爲空等修證覺受；更有認執前念已斷後念未生間之無知念爲修，惟此令修證成間斷分；進而，有認執心性即法身、是空性非有可執取之相，而成立一切皆無眞實，如夢幻虛空，貪執思維之感覺爲修證，而落入「作意思察之邊」；或有宣稱所思所顯一切，即修證之自性，惟此思易隨凡夫妄念心而轉異，故落入「瘋顚歧途」；其他則大致認爲：心若有變異則爲過失應斷滅之，刻意強制束縛心，以攝受此變異之心爲安住修證。

總之，於心性上之安住或變異，其是否具執實妄念和煩惱，或是具樂、明、無念坦然等覺受，對於心性任何顯現，當無造無整、不需捨異轉化，了知保任本初俱生而自解，甚爲重要，惟知此者甚稀，故應正視、順應、契合了義經續，以及成就傳承諸口訣集與釋解，必需無過而修證。

二、別述歧途和流失

實修傳承之先賢言教中，於歧途和流失有博大精深之釋解，然於此處僅略述其表徵。

平等安住時，若貪著於樂、明、無念三者之任一覺受，則將成爲投生欲界、色界、無色界之因。投生彼處之壽盡時，將墮入惡趣，而無法行於獲證佛果之道。

若再細加區分，則可分爲九次第定：

1. 安住於平等寂止時，雖無粗重執取念，但有能修、所修作意之束縛，稱爲「初禪三摩定」。何以故？初禪天眾皆如是修，故此爲投生爲初禪天眾之因。

2. 無思維之伺察辨析，但有禪定喜樂之覺受，此即「二禪定」。

3. 心無所動搖，僅依呼吸吐納，此即「三禪定」。

4. 遠離一切妄念但不遮滅明晰顯門如虛空，此即「四禪定」。

雖然上述之禪定，爲世間禪定之最勝，且爲勝觀所依之基礎，但倘若以貪著修證，則爲大手印之歧途，成爲投生禪天之因。此外，

5. 觀修「萬法如虛空無邊」，

6. 觀修「意識不落任何方分」，

7. 觀修「不成立無有邊界」，

8. 觀修「非想、非非想，心無有任何作意」，或「此心無有一物皆空」等思維，

安住於此四種定，則有落入無色界之空無邊處、識無邊處、無所有處和非想非非想處四歧途

之過失。

9. 棄捨念想、遮止心入於境，而安住於截斷氣心相續，是「聲聞寂靜禪定」。據教，此雖爲究竟寂止，但仍未以勝觀攝受，故非無過修證。此九種禪定於其各自階段，雖有幻變神通等功德，但皆是世俗、近似功德，無法成就究竟菩提果位。若執意行之，則易生貪愛慢執，反成菩提之障礙，故應審慎了解。

如是上述爲錯誤或歧途之解釋畢，現區別八種流失處：

1. 尚未獲證心性勝妙之顯空無別雙運，及其因果緣起之無滅現起，而泛言空談空性之證，即是落入「本初性空本體之流失處」，應當明了此過失。

2. 雖已趣入修證，但仍處於概略通解其義，心續中尚未生起經驗覺受，或即便生起亦隨之遺忘，故雖能對他人解釋詞義，但是心續無有所證之功德，稱爲「體性解證離間流失處」。

3. 思維現下所需是此修行之道，但仍欲求未來獲得有別於此之果位，稱爲「道之本初流失處」。

4. 認爲保任自心之平常心無有任何用處，反而欲尋其他作意之賢善修持，爲「道之離間流失處」。

5. 煩惱竄生時，不知如何修證其自體本面目，並使之爲道用，反而以下乘之方法觀修，稱爲「對治之本初流失處」。

6. 於任一妄念生起時，不知如何修證成道用，反卻遮止此緣，或是消散此緣而修證，稱爲「對治之離間流失處」。

7. 復次，不解心性本初空而離基，卻反而思維其自性不成而空，造作意識而修此不究竟之空性，落於「增益空性之本初流失處」。

8. 思維昔日隨相續妄念流轉，而現下修證勝善，於相續中追隨妄念散射而無有念覺，但卻自覺有持，落入「增益〔念覺〕之離間流失處」。

總言之，因未能明了究竟之本性，未得明決斷定究竟增益之要，而流落並墮入於種種非正法之修持，進而產生各種非正法之修，故雖精勤修持卻成無義。或有修者因修寂止斷滅定，投生於龍族等，成爲取惡趣之因續，故無誤修證甚爲重要。

復次，部分修者執持心無念昏沉狀爲寂止，擇察之念爲勝觀，或執實緊提念力爲正知，錯誤認知平等無記定爲無造，而未能究竟觀見自身凡夫心識及本初平常心二者之區別。貪執於禪定利益，或因有漏安樂無苦而將之執爲自性大樂，然於究竟無有所境之本面目未得定解，貪執落入所顯境❷，而誤解其爲無境離貪及自明無滅二者，亦有誤認遮止明分之無念爲本智。

III. 總攝各種錯誤、迷亂、歧途、流失之因

若於初時之積資淨障等前行時，未能重視其要點，故業障垢染無法清淨；又於中期未持續受加持之澤被，心續粗劣、冥頑不爲所化，故於正行期未能決斷一切，反卻摻雜增益與泛言空談；至最終修證未能相應契入心續。如此，於此濁世出現非聖非凡之僧人相，僑舉販賣修證傳承之教法者甚多。《地藏十輪經》云：

「不信業因異熟果，乃是斷見外道徒，亡時投生無底獄，令自他皆受墮損⑲。」

（不信業因異熟果的人，乃是持斷見的外道之徒。他們命終後投生於無底地獄，使得自己和他人都受到墮損。）

切勿使己淪落成此等非德行者，當精進勤勉奮進，此點甚爲重要。

如是見修不隨迷亂、錯誤與歧途之流失，精勤專注於平等定，類智（隨類智）❸亦不隨順落於平凡妄念之迷亂而轉，而能以正念知攝受。惟依眾生智慧及根器差別，現起不同之相應覺證。

IV. 總論根本位及後得位

依據不同智者及各成就者之論述，而有諸多不同認知。例如有認爲四瑜伽之離戲以下，未正式闡明根本與後得位；或有以覺受之根本位與後得位，以及了證之根本位與後得位作區分；更有個別認爲四瑜伽各有其根本及後得位之不同粗體敘述；或區分以不同覺受和證悟；或認爲專注之三階段皆是覺受而非正行證境；亦有認知修證契時而入，持守保任，此即了見心之本來面目。

---

❷即前述之有漏安樂。

⑲《大乘大集地藏十輪經》，此引文不見於此經，然於 191b1 頁有一段類似的偈文。

❸或有人把它翻譯為「後得智」，但這裡是依藏文原意而譯為「類智」或「隨類智」。此文中，孜立那措讓卓在有些地方會使用名相「後得智」，在另一些地方會使用名相「類智」或「隨類智」，中譯者認為他或有不同所指，故依藏文原文翻譯之。

此等無數細微之法相分別，皆爲調伏不同根器與心智，無疑是眞實大悲意趣之遊舞力，當依止禮敬。然末學學證未達如是境界，因未明其證境下，無法對彼作是非區別定論，如同色盲之人無法分辨顏色好壞。

但依個人之理解簡述如下：根本位與後得位之名相或表徵，於二次第修證中皆可成立，何以故？正行所修實義不應與其他行持相混，集中修持即「根本位」；下座時與其他行持相合，名相稱爲「後得位」，此時之識爲類智，顯相爲隨類而現，故與名相相合。於此，初學眾精勤正行修證即根本位，行住坐臥等則安立後得位名相。瑜伽聖眾恆時無迷惑即根本位，其與後得位無別時，稱「連綿不斷恆時修證」。

至於覺受與證量之別，於任何道地之界限或善行之高低，若未與心之體性相融，而有所捨與對治，以及能修與所修之分別，即是「覺受」；決斷了證其體與心無別，所現即是心之自體本質，則所獲證即是「證量」。

簡言之，此二者不僅於觀修上師瑜伽法、大悲菩提心、生起次第等，於諸修行道皆應趣入契合。例如：雖未涉菩提金剛座聖地，然於其地形外貌，經由他人敘述而於心中獲得些許概念，並能轉述於他人，稱爲「理解」；從遠處眺望金剛座，或是見其地圖畫像，大致明白有何可觀之處，稱爲「經驗覺受」；親自抵達金剛座參訪細觀，並於之有所決斷，稱爲「證量」。

上述譬喻，依於表徵刹那間現起之理解、覺受、證量，將眾生根器分爲三種：無需精勤功德迅速圓滿者，即爲利根上等根器者，是往昔學證現前之聖者；覺證功德非以次第，但高低不定而時增時損者，爲頓超中等根器；共通之大眾，大致依精進修證之多寡，以次第方式而增廣，稱漸次根器者，屬大眾下等根器。漸次眾之次第道，其餘二者亦攝在內，故吾將予以釋解。

一般而言，共乘需經五道十地，依次修證而得佛果。但於此，無比達波噶舉父子傳承教授四瑜伽次第，每一瑜伽又分爲上、中、下三種，總共十二項，怙主月光童子岡波巴引證《不可思議續》[20]而明釋。如續云：

獅威顯赫相儀三摩定
無動專注正知清晰明

獅威顯赫相儀的三摩定，
無動、專注、正知且清明，

⑳此引文不見於同名之《清淨續》（*Pacification*）或《勝樂金剛續》（*Cakrasaṃvara*）中，也不見於岡波巴大師之著作。此四個偈文直接對應於大手印四瑜伽，以及五道中第一道加行道之四階段。

自明本智由內覺醒故
堅固安忍斷捨惡趣苦

第二猶如幻化三摩定
遠離戲論廣大平等定
呈現不可思議定力展
獲證暖相出離得自在

第三健行勇猛三摩定
萬相一味十地證量現
三時諸佛菩薩利他行
獲證頂相增廣無間斷

第四猶如金剛三摩定

這乃是因爲自明本智由內覺醒的緣故，
而此堅固的安忍能夠斷除惡道的痛苦。

第二猶如幻化三摩定，
乃是遠離戲論的廣大平等定，
其展現出不可思議的定力，
獲證「暖相」並且因爲能夠出離而得到自在。

第三健行勇猛三摩定，
使得萬相一味的十地證量現起。
行持三時諸佛菩薩利他的事業，
獲證「頂相」並且持續增廣無間斷。

第四猶如金剛三摩定，

精進修證無有所修法　　乃是由精進修證無有所修之法而證得的；

遍智本覺現見佛剎土　　遍智本覺現見諸佛的剎土，

無勤任運世間第一法」　　獲證無勤任運的「世間第一法」。

同此意趣者，於《楞伽經》中有廣大釋解。此外，亦見於金剛導師新帝巴之明釋論以及遍智敬俄所作釋解。

寧瑪派中，咕嚕仁波切（蓮師）攝要釋述大手印，於其《竅訣法要錄》中，以四正斷配合四瑜伽義而闡述：

專注

「善惡清淨於自心，不善諸業自然斷。」

（善惡在自心中獲得清淨，不善業便自然斷除了。）

離戲

「心性遠離諸戲論，一切能所執取斷。」；

（心的自性遠離無義的思維分別，能斷除一切能所的執取。）

一味

「顯現皆成法身起，順勢力斷妄念執。」；

（顯現皆爲法身現起，妄念自然也就順勢斷除了。）

無修

「了知輪涅無自性，斷滅一切二執相。」。

（了知輪迴和涅槃沒有自性，一切能所的二執相也就斷滅了。）

此外，亦以與四瑜伽相應之加行道四法而述其意趣：

「暖相現見心本體，頂證無生法身體，忍令輪涅無取捨，勝法輪涅融於心[21]。」

（暖位是現見心的本體；頂位是證得無生法身；
忍位是對於輪迴與涅槃無取捨；
世第一位是輪迴和涅槃都融於自心。）

現陳述四瑜伽之義、修證所現之次第，以及略述經教之五道十地如何圓滿涵攝於四瑜伽。

I. 四瑜伽之義

專注、離戲、一味、無修四瑜伽中，首先，論專注瑜伽。

(i) 專注瑜伽

ⓐ 下等專注階段

具根賢覺者得斷除此生貪愛，現見上師如佛而獲得眞實加持，修證平等定時，能於樂、明、無念中得定解，並了知所現一切妄念本面目而自解，但有認執此即是修證之思，此爲下等專注。

往昔修證傳承聖眾雖承許三種專注皆是寂止，但是依本人之理解，其依眾生根器而有別，然從究竟本體上，覺識具備止觀雙運乃法性之理，故理解可由勝觀攝持，但此階段隨類智之執實狀看似增盛，故於睡夢時與凡夫無異。簡言之，此爲初修時期，故修行保任呈現適與不適，與種種

㉑藏文：Gnad kyi zin tig，此經不詳。

高低。

ⓑ 中等專注階段

隨心所欲安住於平等定，有時雖未起修，但仍能入定，隨類智之法執趨弱，顯相呈現清晰廣潤，有時睡中亦能修持善行。於此階段，無論何時起修，皆能契入修證。

ⓒ 上等專注階段

樂、明、無念之覺受不分晝夜而現，類智和類顯無有分別或散漫，入此禪定，內外無有愛著魔擾❹，無五欲貪求，並得神通變化等。惟此尚屬未捨離對善覺受之貪執，仍被執實作意之修證所縛而未能解脫。

如是以三種專注為引，依根器差別及精勤修持之別，而有種種不同各自證地之區別。其次，根據自明覺是否對樂、明、無念獲證定解，以判別其是否現見專注本質；依覺受是否現起散漫，或是時有時無之狀，以判別是否具圓滿覺力；所顯諸妄念是否為正念知所攝持而趣入修證，以判別妄念是否現起修證、心續是否已得自在、功德是否生起；依類智是否發無造悲心，以判別是否已留植色身種子；依緣起法相是否獲證定解，以判別世俗諦上是否已得自如等。此皆應當依據噶舉言傳聖眾所述。

(ii) 離戲瑜伽

如是專注覺受經驗生起後，不隨常執、我慢及執善貪念，勤勉修證並祈請，則將增上至離戲瑜伽位。

ⓐ 下等離戲階段

此時，能如理了證心之本體，遠離生、滅、住等諸邊。類智隨時能依正念攝持而趣入平等定，但若未經正念攝持，則現執實狀。睡夢時，有時迷亂，有時不迷亂。於此階段，執著於空性，有執著於萬有諸法皆爲空之思維。

---

❹藏文原意為「寄生蟲」，但極為可能是誤寫。

b 中等離戲階段

雖然清淨執空之思及執著妄念自性之實有，但對於外在顯相，仍有些微未淨執實。於後得位與睡夢時，執實現起有、無分別之迷惑，善行修證上，亦有高低、增減狀。

c 上等離戲階段

對於輪涅及內外顯相之心，徹底斷滅增益，而從顯與非顯、空與非空等貪執中解脫。晝時大致已現不間斷修證，但於睡夢時仍有執迷於幻顯。於此階段，若正念修持未達不間斷，則仍需稍以正念力攝持。

總而言之，於離戲修證時，主要爲空體之覺受，以及於任一現起均無執之覺受，然此覺受或令虔信、淨觀、悲心等現減弱之害，此時不應隨順執空敵魔之擾亂，這點甚爲重要。於此階段，依定解執空覺受是否清淨，進而判別是否現見離戲之本體；依慧察顯現分及空分是否遠離希疑或斷除增益，以判別覺力是否圓滿；依諸散射之念於後得位顯與睡夢時、學與未學間，是否呈現爲空性本體之平等定，以判別妄念是否成現爲修證；依相應修證成就徵兆之顯分，以判別功德是否生起，如了見所證眞實諦義，所呈現之一千二百功德等；依是否定解空性覺力遊舞，以及是否了知發心、祈願之緣起，以判別是否於世俗成自在，以及是否留植色身種子等。

ⅲ 一味瑜伽

如是圓滿究竟離戲證境，於輪涅、顯空、生圓次第、世俗勝義等二分法相，以及假名安立之一切法，皆能了證一味於大印。

ⓐ 下等一味階段

道上所修一切法，雖能無餘融合於自明之本覺，但是仍有些微覺受執及定解執之階段，此即下等一味。

ⓑ 中等一味階段

清淨覺受執之後，現證顯心之無別。對於所證之實境及能證之本覺，不立任何分別法，亦非執實爲一體，解脫於能所二執，此即中等一味。

ⓒ 上等一味階段

依據所證諸法呈現一味之力，並使一味證量現爲諸法，增廣本智之覺力，此即上等一味。依修證傳承教示，於此階段，具性相之根本位與後得位相融。

其次，任何所顯妄念，其本體面目自然本初即法身或大手印，然於顯現分或迷亂相，仍有常執與能所之執著。下等瑜伽位時，已具自明覺識之正念修習，能令妄念自初地即解脫。然此一味階段，不需特別以正念攝持，或另外仍需了知本面體性，已能於任何狀態皆現無礙。釋解此階段：依證境是否有變異，以判別是否現見一味體性；依對治是否仍有細微貪執，以及一味是否呈現種種判別，以判別覺力是否圓滿；依六聚無礙所顯一切是否已無解與無縛，以判別妄念是否呈現爲修證；依遍智本智對於內外一切法，是否能自主變通化現，獲得神通遊舞自在，以安立功德有否出生；依顯心是否相融一味，萬法是否均呈現爲證量緣起，萬有諸法是否已得自在，以判別因果起現具解世俗之能力；依遍廣無勤大悲之力是否開啓利他之寶藏，以判別是否留植色身種子等。

(iv) 無修瑜伽

復次，一味臻至究竟時，已無著重於修與非修或心是否放逸等，能所二顯皆已清淨，凡諸顯現解脫於本初如是之修。

ⓐ 下等無修階段

若於夜晚和其他時間，對於後得位顯現，仍有如幻之細微習氣執，此即下等無修。

b 中等無修階段

此執幻已從根本清淨，晝夜皆現大平等定，究竟本面目現前，但於本智上仍有細微意識之自明遮障，此爲「所知障垢」，未能與此分離即中等無修。

c 上等無修階段

未明無念本面目，或稱其爲「細微所知障」，喻如藏基識之殘餘，若彼亦能從根本清淨，則母子光明相融，一切成熟於遍廣本智之唯一法身明點，此即上等無修，或稱圓滿正等覺佛，果已臻至究竟位。

依現前之一味證量是否仍需嫻熟而行、經驗覺受之執是否清淨，以判別是否現見無修本體；依藏依所證之本智是否漏泄竭盡無知垢染，以及細微所知習氣諸相，以判別是否圓滿無修覺力；依藏基習氣是否融淨於法界本智，以判別妄念是否成修證；依色身是否成就虹身、心性是否成爲法身、浩瀚清淨刹土是否現見，以及有否解脫，以判別功德生起與否；依是否能現起無盡莊嚴輪色身，行持無勤利益等空有情之事業，以判別色身種子是否現前；依是否圓滿佛之殊勝功德，以判別諸世俗法是否清淨於法界等；修證傳承眾於此及其他細節品類皆有明示。

II. 總攝四瑜伽之內義

若能隨欲而安住於平等定，稱「專注」；明了平常心之本面目，得證其無有根基，稱「離戲」；輪涅二顯之執著能於明覺體上解脫，稱「一味」；清淨一切定解和習氣垢染，稱「無修」。前述爲四瑜伽之本質。

別說：專注之根本位與後得位之別，在於能否安住；離戲根本位與後得位之別，在於是否有正念；一味及以上，則根本位和後得位相融無別。

復述，妄念自性呈現無念時爲專注，呈空性時爲離戲，呈平等性時爲一味，超離意境時爲無修。

又，專注時，迷亂不以尋常狀呈現；離戲時，證其無基離根；一味時，迷亂呈現本智；無修時，捨離迷與不迷之名。

此外，若能了證專注之住、變二者無別，爲最勝安住；離戲時，迷亂與解脫無別；一味時，顯現與心無別；無修時，顯心無別各各自明覺力圓滿，或稱殊勝成就。

又，專注時，心性爲執常階段；離戲時，心性有根本及後得位之階段；一味時，心性現雙運階段；無修時，心性眞實現前。

又，專注時，壓伏妄念起現；離戲時，斷除妄念根本；一味時，自然本智出內起現；無修時，本智已得堅固。

總而言之，判別及次第之各種陳述，甚爲廣大浩瀚，言語實難道盡，惟其重點在於捨滅後，應了知心之究竟，如實本義自相，不爲作意染垢，恆時保任自然平常心自解，此甚爲重要。如智慧空行母尼古瑪言：

「未知諸顯為修證，雖依對治仍起現，捨棄境緣非捨離，若知如幻自地解㉒。」

（如果不知道顯現即爲修證的話，你如何依靠對治法而得證？境和緣無法以捨離來捨離，然而如果你知道境和緣都是虛幻的話，它們就自地解脫了。）

當今修法者多具驕慢我執，深受於世間貪戀所縛，一生努力於累積衣食、名望及財富等；或

㉒出處不詳。此引文未見於尼古瑪任何為人所知的著作或傳記。

有學佛者沉迷耽醉於法相名詞，縱然知識廣聞，但自心無法得自在；少數修行者，雖心嚮往於修證層次，但無誠摯求取上師口訣之心，而落入苦修盤詰之獄，不知清晰廣闊修證，使得命氣錯亂，成爲愚昧修證者甚多。

其他眾多誤入邪惡空談之歧途，如肺面湯或是空心皮囊，如今此等修者遍佈山谷，對其論述四瑜伽之功德一無所用，彷佛於荒漠中宣示水之功德，無有絲毫助益。

但對於生起無垢覺證之具格賢子，其修證所生智慧乃由內生起，不依外境詞語法相，必將對吾等僅依謠傳聽聞，但未眞實實踐之語避而遠之。

若有具格賢善精進者，依止聖者而獲得加持，並具毅力恆常修持，可依此或其他四瑜伽釋解後獲得覺證生起，或如共乘，依五道十地之次第，自然圓滿趣入。如《三摩地王經》云：

「若人持此殊勝三摩定，行持最勝寂止心自然，
極度歡喜離垢發光地，焰慧極難勝地現前地，
遠行地及不動善慧地，法雲地等十地得獲證㉓。」

（如果有人持守此殊勝的三摩定，

他就會有最勝寂靜的行止和自心，

並且會證得十地：歡喜地、離垢地、發光地、焰慧地、難勝地、現前地、遠行地、不動地、善慧地，以及法雲地。）

於上、中、下三品資糧道位，所生四念住、四正斷、四神足等，如何於大手印口訣迅速道圓滿？

首先，屬於共同前行道之輪迴苦患、暇滿難得、死亡無常等觀思，自然涵蓋四念住：

1. 觀身不淨
2. 觀受是苦
3. 觀心無常
4. 觀法無我

㉓《三摩地王經》，100b6頁。

彼等經椎擊其要點後，生起覺受與定解，即趣入下品資糧道。

如是，皈依發心、百字明咒、供曼達等法攝集四正斷法：

1. 未生惡法令不生起
2. 已生惡法令斷除
3. 已生善法令增長
4. 未生善法令生起，故趣入中品資糧道

於上師相應瑜伽法階段具四神足：

1. 虔敬專注於上師爲欲神足
2. 祈請（上師）爲勤神足
3. 領受四灌爲觀神足
4. 最終上師與己心相融，是心神足

此即趣入上品資糧道。性相般若乘教言：

「**究竟圓滿資糧之功德，能趣入清淨剎土，真實現見佛之化身等。**」

（圓滿資糧道所獲得的功德，例如能趣入清淨剎土，親見佛的化身等。）

此與殊勝上師現起佛三身之本質，其所化眾諸皆未超離化身淨土，內義意趣相同。

專注之上、中、下品相應於加行道（之四階段）：

1. 現見心之本體是「暖相」
2. 於彼生起定解是「頂相」
3. 不受緣所擾是「忍相」
4. 專注之覺受持續不斷是加行「世第一法」

此時依功德而呈現五根：

1. 生起無量定解是「信根」
2. 無散現觀通達義是「念根」

3. 不受怠惰障是「精進根」

4. 修證無有間斷是「定根」

5. 解證了義是「慧根」

依各自覺力圓滿或成爲力量，如是了證專注三品，究竟圓滿「加行道」。

進階修學了證離戲，現見昔未所見之眞諦義而趣入「見道」。此階段之修證自然相應於性相

般若乘之七覺支：

1. 如是安住於諸法之究竟義即「定覺支」

2. 無煩惱雜染即「擇法覺支」

3. 僅憶念此三摩定能自地清淨見所斷即「念覺支」

4. 遠離懈怠放逸即「精進覺支」

5. 行持受用無漏喜樂即「喜覺支」

6. 清淨所斷無餘即「安覺支」

7. 了證輪涅平等性即「捨覺支」

因而此七覺支圓滿具足，並得獲見道之諸多功德和無盡三摩定。其次，若干行者認爲圓滿三種離戲之覺力，即躍升至一味階段，爲獲證修道位和初地；然其他多認爲現見離戲本體，生至見道後得位時，方證初地。惟眾生根器有別，不能一概而論，因此，趣入道之大小層次及其速緩等有種種區別，實難確鑿定論。

如是生起無造正知見道之證量，是諸功德之來源，能成一切所依，故稱爲「地」。

《華嚴經》云：

「登地剎那遠離五怖畏，無害無死亡及惡趣，遠離眾懼已無膽怯心❺㉔。」

（菩薩登入歡喜地後，所有的怖畏都得以遠離，
所謂對不活命的畏懼、對惡名的畏懼、對死亡的畏懼、對惡道的畏懼、
對面對大眾的畏懼等，這些怖畏都得以永遠遠離。）

❺大方廣佛華嚴經卷第三十四／十地品第二十六之一：「始得入初地，即超五怖畏，不活死惡名，惡趣眾威德。」

㉔《大方廣佛華嚴經》kha 部，186a5 頁。此階段為十地菩薩之初地，這些是資糧與加行道之菩薩具有的五怖畏。

此諸功德隨十地而增上。登地之後，方可稱爲「修道」，何以故？因於此位行持嫻熟見道之義。教述：此時行持八聖道，一切平等定皆是無漏三摩定，後得位則有漏，並以嫻熟八聖道爲修證。何爲八聖道？正見、正思、正語、正業、正命、正勤、正念、正定。總之，彼皆爲無顚倒正法，故反證其殊勝於下乘。

諸地之初，因歡喜於彼之殊勝功德，故稱初地爲「歡喜地」。此時，根本位處於無生離念平等定，後得位時以如幻顯相之門，爲利有情而無有畏懼，能施捨自身、頭顱及四肢等，主修布施波羅蜜。十度波羅蜜與十地層次相對應，於共乘中有深入淺出之廣解論釋，然於此：

1. 離戲位時，三摩定之歡喜大增，故稱初地爲「歡喜地」。
2. 遠離一切修證染垢，即第二「離垢地」。
3. 以證義之覺力利眾，即第三「發光地」。
4. 於中等離戲位，佛之殊勝功德增上，即第四「焰慧地」。
5. 悲空雙運之證量，清淨一切難淨習氣，即第五「難勝地」。
6. 上等離戲現前而了證輪涅無生，即第六「現前地」。

前述六地與緣覺聲聞乘為共同。其次，

7. 根本位與後得位、輪涅二顯等，皆能大致解脫於雙運，而呈現下等一味證量，即第七「遠行地」。

8. 中等一味所證法於正念無變異，即第八「不動地」。

9. 上等一味除細微如幻二顯外，其餘垢染大致清淨，即第九「善慧地」。

10. 此細微二顯，從本地清淨、究竟圓滿地道功德。但仍有藏基識殘餘垢染之能執分，於此尚有細微分之所知障期間，稱下等、中等無修，即一般所稱第十「法雲地」。

上述為具十地自在菩薩眾之同等功德。

復次，諸如未能明證無念本質之垢染，或稱「細微所知之習氣」，均融於金剛本智體性之自然自明大本覺，根本捨離一切能垢之障，圓滿如所有及盡所有之本智覺力，以及悲、智力時，共乘所述之究竟圓滿殊勝道，外表徵現前佛真實果位，而於大手印中，稱之為「上等無修」。依密乘總攝而言，此時漏盡業與煩惱習氣障分，已無清淨道可行或所需臻至之果位，但依功德增上分之反證區別，安立名第十一「普光地」、第十二「無貪蓮花地」。此不共內二地刹那現前後，自利法身究竟圓滿，覺力遊舞所現利他色身成辦等空有情大事業，無有間斷直至輪迴空盡，稱第十三「金剛持正覺佛地」。

於彼等間地道因有增上趣入，稱爲「有學道」；臻至於無有增上究竟時，則稱爲「無學道」。第十三地金剛持爲密乘內道之究竟果位。

若問：獲證如是諸地有何殊別功德？

1. 僅登初地即能

Ⓐ 於刹那趣往十方百刹化身淨土；

Ⓑ 面瞻百佛尊容並聞法；

Ⓒ 能同時行持百種不同之施捨，如無悔施捨身、命、財產、國土、子女、妻眷等；

Ⓓ 能同時放射百種不同光芒，如放射紅光以白光收攝，放射黃光旋轉成藍光，化現多種光收攝成爲一；

Ⓔ 堪爲百種所化眾，依其各自根器心性，同時開演相順應之百法門；

Ⓕ 能同時趣入百種平等定，如增上定、莊嚴定、獅子威武定等《般若經》所述諸定；

G 能飛天遁地、山石無礙、水無法淹沒，是其上身火焰熾燃，下半身水流不盡，二者交替，一化現多、多攝於一等不可思議之百種幻化神通。

同時堪承七百種功德獲得自在權力，如是次第而上，

2. 二地獲七千同等功德，
3. 三地七萬㉕、
4. 四地七十萬、
5. 五第七百萬、
6. 六地七千萬、
7. 七地七億、
8. 八地七十億、

㉕第三地之描述佚失於本文〈無垢明燈——最勝闡明大手印究竟義〉可取得之版本。

9.九地七百億、
10.十地七千億、
11.十一地七兆、
12.十二地七十兆，
13.十三地金剛持位時，佛三身體性現前，殊勝功德不可估量，已超離意識概念之藩籬，無有界限，是法性之本然也。

共乘所述之一切五道十地，於頂乘大印道圓滿具足。如理現證四瑜伽修證者，必然獲證一切道地次第功德。

但速道密咒乘之密行聖道亦有提及，有若干於現世雖未現如是之性相功德者，彷如飛禽走獸等，從母胎出生哺育成長時間未足間，尚依母伴隨呵護，因其能力還未圓滿，需漸次才能與母平等，但飛禽之主大鵬金翅鳥或走獸之王獅子，在蛋殼或母胎中能力已圓滿具足，彼時雖無法現見，但於出生剎那，三能力㉖便已圓滿，能與母展翅高飛、翱翔天際等，具備一切能力。同理，若瑜伽士限於實物身軀殼之期間，未能清晰明現表徵之證相，身印一旦解除之際，便能顯現功德覺力、果位圓滿成熟之狀；亦有行者獲得方便智慧雙運要點椎擊，於此生即能明現諸多神通幻化等道之表徵性相。

就勝義而言，於本初之義本智超離思詮之界、本智之平等性，以及法性自心之究竟實相，倘若未獲自在，而僅依生圓次第氣脈明點等所呈現之些微暖相，耽著於修證之喜樂覺受，爲驕慢心魔所趨，而令自他成群相伴地墮入惡趣者，現今甚多，善觀者應當察之。

見修地道之次第略作解釋後，現簡略釋解開顯及道用行持。

總述：密乘道行持大致可分爲：有相、無相、最極無相等三行持；或是密行、眾會行、明覺梵行、十方尊勝等，行持雖有諸多區別，然主要爲講述生圓次第共同之開顯，而此中以保任本初離意自解之普賢行持最爲殊勝。甚至在前行積資淨障、加持降融等方便次第等初學階段，修習應無愧於己心，此生不受世間八風垢染，精勤於普賢行持。

中期於正行時，辨析了證見修之取捨，決定自明本覺擊伏滋生之妄念，了斷疑惑增益於心，

㉖身之三力（藏文：lus kyi rtsal gsum）據說為：單指即能壓伏他身之力、游泳過大江之力、身輕如燕之力。其他還有語之三力和意之三力。

精勤一通百解、諸皆了然於一㉗之普賢行持。

於經續及口訣中雖有種種最終令修證開顯之諸多方便法，然其精華是修持：

1. 斷除貪愛世間之欲，前往無人幽靜山谷，如受傷野獸隱蔽之行；

2. 無畏惡緣，如獅遊蕩山間；

3. 不貪戀於五欲，如空中清風般；

4. 不貪著於破立世間八風，如瘋子般；

5. 保任自心自解狀，不受二執之他法繩索所縛，如空中長茅舞動般行持自如；

6. 斷除迷惑、放逸、希疑之束縛。若欲求表徵、所顯覺受、成就等，則心落入細微之思執，而成障蓋究竟法身本面目之垢。始終保任護持無造本初之心，乃是道用殊勝普賢行；

對於暫時依緣所現之個別妄念，如煩惱、痛苦、怖畏、疾病、死亡等，應不依其他助益對治法，而了知究竟大印修證爲正行，是一切開顯之王。能如是修證之瑜伽士，能於輪涅萬相終得自在，遠離一切障礙境，成就如海水般湧現，清淨二障迷霧，生起如日之成就徵相，證佛於心，並開啓利他之寶藏，此乃法性之必然也。

但若捨棄掌中所握堪爲眾寶頂嚴之寶珠於地，即如凡夫入蓮花園，沉溺於僅依己願作意之利益行，無所事事而虛度人生之修士，其行即是令人生悲惜之因，當慎於思惟並遠離之。

三、果位大手印

略述基與道之見修自性後，現以闡釋果位大手印之三身無別、或二身雙運爲結語。若瑜伽士現見大印究竟之本面目，對於見、修、道之大印修證，嫻熟椎擊要點究竟圓滿，終使果位大印勝義法身現前。此時，法身之本體自明自覺爲本初無造本智，無有絲毫變異增減，從本初遍廣安住於三界有情之心續，並依修證甚深之方便法令其現證。除此之外，無有所謂佛或法身，其非從前未有而至今嶄新而得。

㉗此說法極為常見，然此處為似非而是的反說，意思是：「了知一切即解脫於一。」

I. 果位大手印之性相

其性相能於如所有智及盡所有智自在，故稱「俱二本智」；本初體性清淨與俱生分別客塵均清淨，故亦稱「俱二淨」；其遍知實義遠離對諸法之無知無見之垢染，圓滿一切功德分。

此法身之覺力，本智無滅遊舞而呈現報、化二身。此三身自在，具足雙運七分支功德，何爲此七分支？

一、於密嚴刹土，對諸菩薩眾恆常轉動甚深廣大之密咒法輪，是受用分支。

二、相好莊嚴圓滿本智身，並與自顯光明明妃相擁，是和合分支。

三、無漏大樂不曾間斷，是大樂分支。

以上三徵相是報身之殊勝性相。

化身之三殊勝功德：

四、無緣大悲如空遍廣、全然湧現，是大悲分支。

五、事業遍至輪迴之邊際，無念任運而成，是無間斷分支。

六、不住寂靜涅槃之邊，是無滅分支。

法身之殊勝功德：

七、悲空雙運，超離一切戲論，是無自性分支。

如是具備七分支。

又，合順於八大自在功德：

一、爲所化眾具一切善調御相，即身自在。

二、調御法輪無有間斷，即語自在。

三、自在權擁無念大悲，即意自在。

四、幻化神通無礙，即神通自在。

五、現證輪涅三時平等一味菩提，即普行自在。

六、即使等同須彌山塵數之天女獻妙欲，仍不受其染，即欲自在。

七、如意寶般滿足眾生之希求與所欲，即所欲生現自在。

八、密嚴法界剎中，以三界法王恆常安住，即聖境自在。

上述八大自在功德主要在區別報身功德。化身由法身及報身幻現，調化不可思量之眾生，彷佛千江萬河映現之月般，爲所化眾現無盡化身，如工巧身、殊勝化身以及證大菩提㉘等，皆是爲所化眾而應現無量浩瀚化身莊嚴，稱「諸佛身語意無盡祕密莊嚴輪」。

II. 成現三身之因

於現下之修道階段，椎擊勝義空性大手印之要點，所現之實相果位即是法身成就；依發心、祈願等分支或方便法門之清淨行持力，成辦化身；依觀修甚深生起次第，圓滿成就報身之果；諸等並非個別或交替而修證，應以精勤智權雙運、圓滿清淨三輪體空之力，現證三身果位無有離合之體性。

綜上所述，三身或是其他四身、五身等種種區別，其體性皆一，但依其功德及功用力分，而各自取名安立，然除了當下心性之體性、自性、覺力三項之外無有其他，此稱爲「三身」。

至此階段，因位性相乘和密乘下品續部等，各執所依持經續典，而分別承許眞實義及非了義等各種論述，例如：法身是否成立有身相？剎土是否眞實存有？佛之自續中是否有所攝本智？報、化二身是否具有自顯現之受？有種種辯證及破立之諍辯。前述諸論於其各自立場雖然屬實，然於精華勝乘之見地無需相對於下乘而立，其意趣乃是合於一切但亦殊別於一切。

何謂如是意趣？輪涅萬相所攝一切諸法，皆不貪執其眞實與否、有無、是非、生滅、來去、常斷等，而應無貪、無執、不破、不立。何以故？若宣稱無則落入斷邊，持有亦落常邊，執持思維非有非無二者，亦未超離作意之自性。

於對境所顯之面，若擇有者令其有之，了知無滅之顯現門無有漏盡，故因果緣起無欺誑；對擇無者令其無之，蓋就體性本質而言，無有任何可成立之法，故未曾動搖其自性之空性；對非有非無者亦令其執之，因未落任一邊，故無方分判向。

如是外所顯之一切情器實物，皆從不淨有情之迷亂習氣所顯，五大現爲實體狀，對修證道上瑜伽眾而言，此乃自心無滅之呈現，對諸佛菩薩眾，所現則爲本智自明淨土，於勝義，一切僅是心性本體之遊舞。如是心與心所之諸妄念，在不淨迷亂之有情眾生前，其自性是業與煩惱習氣，於修道上瑜伽眾則爲見、修、覺證之別，於諸佛即爲如來三身遍知、大悲和本智之遊舞。因此，

㉘此三種化現為：⑴無生化現，此乃為了在某時某地達成某個行為（中譯註：中譯者認為這裡指的是工巧身，也就是如佛像或製作佛像的工匠。）；⑵有生化現：如人類出生；⑶無上化現：如佛之化生。

從因或基之究竟上，其本無絲毫分別，但於分別客塵遍計執所障蓋之有情眾，或有些微障蓋之瑜伽士，以及捨離障垢諸佛三者間㉙，則有殊別。

基、道、果三者之本質，從未超離二身雙運或三身無別之體性，現下不可超離，未來亦無法超離。故精要之本義，乃是自心於無造大手印中鬆坦安住，甚爲重要。對無爲法以有爲作意而行增益，貪著於言詞語句之邊，或辯論擇別宗義，恰如凡夫眾生爭辯虛空之量廣大小。若安住於無造鬆坦遍廣大平等定，無疑必能於四瑜伽、五道、十地，以及三身任運果之法界中，超離去往解脫能所相執。

嗟呼！
本初解脫如來藏體界
任運而成三身佛本性
拙目有情直至螻蟻眾
常住未離然因無明障
調御眾生能攝諸法門

嗟呼！
本初解脫、如來藏，
以及三身任運的佛果，
從來就沒有離開過
受到無明遮障的螻蟻及其之上的一切眾生。
佛陀所開示的法門，數量廣大與所調御的眾生齊等，

釋明雖廣迷不淨自顯
誤道、邪路、歧途、道所縛㉚
趣入清淨善道烏波花㉛
未立邊際然落執著邊
本俱未明貧婦擁寶般

然而眾生卻迷惑於自己的顯現，

進入世間眾生的誤道、外道的邪路、聲聞緣覺眾的歧途，以及下品密咒眾的道途所束縛，

能夠趣入善道的眾生如烏波花般稀有。

（見地）雖然邊見並不成立，但眾生卻落於邊見；

（修證）不知道自己的本俱，就像是擁有寶藏的貧婦一般；

㉙藏文原文註腳中說明：遮障厚重者為凡夫，遮障輕微者為瑜伽士，全然無遮障者為正覺佛。

㉚藏文原文之註腳補充看似相當嚴厲：世間眾生所行乃誤道，外道眾所行乃邪路，聲聞緣覺眾所行乃歧途，下品密咒眾所行乃為道所縛。

㉛又稱優曇婆羅花（梵文：Udumbara）。無花果樹從不開花，然於西藏，它指的是一種神奇的花，惟有當轉輪勝王出世或佛降世時才綻放。

無作自然卻受造作染
不明究竟本性何等惡㉜！

財力具眾福卻成魔障
驕慢廣聞心如厚皮革㉝
喪失柔軟心續油熱揉
愚修盤詰如擠沙求油
何人近乎究竟大手印㉞？

（行持）把那無作自然的，卻以造作來將它染污；
（果位）不知道究竟本性完全具足，這是何等的錯誤與過失啊！

（無有修緣）具有財產和力量的人，他們的福報反而成爲自己的魔障；
（對修證生疑）因廣聞博學而驕慢的人，他們的心猶如硬皮革，缺乏柔軟心的熱揉；
（不能了解修證的要點）進行愚痴、造作的修持，就像是想從沙中擠出油來；
以這樣的修持有誰能趨近於大手印呢？

嗟呼！
顯密日月雙運殊勝法
箕宿星月禪坐閉關期㉟
現世消散如霞怎不悲
為何戀世棄捨暇滿身？
無人山谷生計飲用食
以有相修證為本初心

嗟呼！
此顯密日月雙運的殊勝大法，
在箕宿月的禪坐閉關期間，
現世種種如晚霞般消散，怎麼能夠不令人悲傷呢？
爲何貪戀世間而棄捨你的暇滿人身呢？
在無人的山谷中，以垂手可得的飲食爲生，
以有相的方式來修證本初心，

㉜藏文原文之補充說明：此偈文第一行指的是見地，第二行指的是修證，第三行指的是行持，第四行指的是果位。
㉝字面上的意思是已無暖意和潤滑。另一個跟硬皮革有關，但稍微不同且更常見的譬喻是用過的奶油袋，因為它已經不再有奶油的滋潤軟化，比喻心因聞法過度而食古不化。
㉞此不具名之藏文註腳說明：此偈文第一行描述的是無因緣進行修證者，第二行描述的是對修證無信心者，第三行描述的是不了解修證精要者。
㉟「降世凌波」指的是降臨於大海之上，「朱雲」為日暮時分的紅雲（英譯者將此句翻譯為「降世凌波朱雲座修終」，然中譯者於此持保留意見）。

執此平庸行為善依止
此非傳承教法是否見？

稱名宏教所作卻滅教
無人精勤清淨修證時
吾卻揖寫此等詞句釋
何人有需有誰願受持
吾亦無需他人難信服
經函詞解雖然堆滿窟
但無些微攝受心續力
所著僅是手疲費紙墨

惟因長時慎重誠勸請
不忍回絕如是懇求語

把這種平庸的行爲當成善的修證，
你難道不知道這不是實修傳承的教法嗎？

雖然稱名宏揚法教，但所作所爲卻是在滅教，
修行者不清淨修證的這個時候，
我所輯寫的這些詞句釋論，
又有誰需要，有誰願意受持呢？
這些連我自己都不需要，他人也難以信服，
雖然我的山洞裡堆滿了經函詞解，
但如果連攝受於心續的些微力量都沒有的話，
我所著述的這些也不過是令手疲勞、徒費紙墨罷了。

只因有人長時間向我愼重催請，
不忍心回絕對方的殷切懇求，

厚顏不恥故述應答句
順意有過詞義釋解微
能述詞語自在之善慧
所述大義證量覺受等
所述言詞均未具足之
必為智者修眾恥笑因

未為惡思所障增上光
能令白蓮花蔓盛開者
與己等慧初修新學眾
成其聞思莊嚴點綴飾

雖未斷盡輪迴萬有邊
於此輯寫善與輪涅道

我只好寫下這些浮現在心中的內容，
這些文句的意義微薄，而且具有過失。
我既沒有文巧自在的善慧，
也沒有所述法義的證量覺受，
因此我的這篇著作皆未完備具足，
只會讓智者和成就者恥笑罷了。

此文沒有惡思的遮障，
具有令白蓮花綻放的增上發心之光，
希望一些跟自己同樣是初學者的行者，
它能夠成爲他們聞思的莊嚴點綴。

雖然我自己尚未斷盡輪迴萬有的邊，然而，
願以輯寫這篇文章的善業力，

所攝有漏無漏諸善力
祈令修證教法遍廣佈
祈願眾皆現證大印果

以及我於輪迴和涅槃道中所攝集的有漏無漏的善力，
祈願修證法教能夠廣傳遍及十方，
一切眾生皆能現證大手印果位。

修證前賢教言集中，如是深廣註釋比比皆是，本應無需贅述，然經曼貢持明戒賢[36]長時再三勸請，為助益修證了義大手印眾，時需備用令其成就開顯之義，故撰此表徵相量之道次第之深入廣解釋語。

及為憶念對本人具大恩之諸皈依聖尊，從彼等處所得聞名甚深道之大印中，出自新譯密法者為《俱生和合》[37]、《四字》[38]、《恆河大手印》[39]、《無字印》[40]；出自表徵傳承、根本傳承[41]及成就心要傳承[42]者為《不可思議秘密》[43]、《明示本智》[44]、《五支》[6][45]、《如意寶》[46]、《六椎擊要》[47]，以及諸聖尊親驗口訣教導等；出於舊譯密法大印者為《離邊廣界》、《日要》、《本覺隻生》、《除無明闇》、《現見赤裸本初》[48]，以及諸多伏藏法。

雖獲恩賜於彼等聖眾，但自身漂泊流轉於業及煩惱，以及放逸懈怠波濤中，如等之些微覺證亦未自心續生起，是故無自信能力得以宣述，然為不令勸請者抱憾，故未回絕，如盲人夜行而輯

㊱目前並沒有關於曼貢持明戒賢的資料。孜立．那措．讓卓（Tselé Natsok Rangdröl）曾寫過一篇十一頁長的著作〈回應曼貢之問〉（藏文：Sman sgom gyi dris lan gnyis chos zung 'jug gi ngo sprod zhal gdams），於1b1頁中稱他為「曼貢之無上持明者」，於11b4頁中稱他為戒寶（Tsultrim Rinchen）——曼地之大修士（藏文：sman sgom chen tshul khrims rin chen）。

㊲此即收錄於本書中的噶瑪巴讓炯多傑之〈俱生和合大手印釋解〉。

㊳藏文：Yi ge bzhi pa，其所開示的是⑴明了心之本基、⑵修道之方法、⑶斷除見地之錯謬、⑷轉一切為道用之行持。

㊴帝洛巴於恆河畔對那洛巴所吟唱之道歌，故以〈恆河大手印〉著稱，又名〈大手印口訣〉（梵文：Mahāmudropadeśa）。

㊵蓮華戒之〈無字大手印〉（梵文：Mahāmudrātattvānākṣaropadeśa）。

㊶以字符直指心性。（中譯者持保留意見）

㊷由梅紀巴（Maitripa）的弟子金剛手（Vajrapāṇi）（b.1017）傳入西藏。（中譯者持保留意見）

㊸據言此法教乃基於《不可思議秘密勝樂金剛續》。

❻大手印五支傳統源於帕莫竹巴大師傳於吉天頌恭大師之法教，此法其後成為直貢噶舉派之特有的大手印修法。

㊹藉由句義灌頂傳授之大手印。

㊺直貢噶舉之大手印五支傳統，此五支乃：⑴菩提心、⑵本尊觀修、⑶對上師之虔敬心、⑷非思維造作之見地，以及⑸迴向。第四支本身也被稱之為大手印，然據教此五支為大手印之分支。

㊻《心意口訣之如意寶》（藏文：Sems khrid yid bzhin nor bu），乃空行母傳授於帝洛巴。

㊼藏文：Gnad gyi gzer drug，帝洛巴之教示：「不思不想無認知，無修無察自然住」。

㊽《離邊廣界》出自桑傑．林巴（Sangyé Lingpa）之《上師了證之和合》（*Unity of the Gurus' Realization*）（中譯者持保留意見）；《日要》出自惹那．林巴（Ratna Lingpa）（中譯者持保留意見）；《本覺隻生》為涵攝一切智之口訣；《除無明闇》為於日間及睡中之明性修持；《現見赤裸本初》出自阿里（Ngari）伏藏師噶旺．多傑（Garwang Dorjé）。

述此文，祈求智者成就眾不予恥笑。祈願此善能令遍空如母有情眾，此生獲證無上菩提果位。芒噶朗巴旺都。

雖非郭倉名郭倉
懈怠散漫一老叟
雖非拉拓郭倉巴[49]
輯書吉祥郭倉窟
善哉！善哉！善哉！

我不是那個（拉拓的）郭倉巴，但我的名字叫做郭倉巴，
我是一個懶惰、散漫的老頭子；
我雖然不是那個獲得正覺的拉拓郭倉巴，
但我卻是在吉祥的郭倉窟內輯寫此文的。
好極！好極！好極！

㊾亦即郭倉巴．孜立．那措．讓卓，於此他說明自己並非是著名的竹巴噶舉大師郭倉巴．袞波．多傑（Götsangpa Gönpo Dorjé）。藏文「郭倉」的意思為「鷲巢」。孜立．那措．讓卓和袞波．多傑，都因為住在郭倉窟而有郭倉巴之名，然而前者住在帕瑞（Palri）的郭倉窟，後者住在拉拓（Latö）的郭倉窟。另，西元第十六世紀初的郭倉．惹巴（Götsang Repa）也被稱為那措．讓卓，有時也會跟前面這兩位郭倉巴混淆。

參考書目

正文出處

- 《西藏經典》叢書系列中的《無比噶舉之大手印及相關法教》合集（藏文：*Mnyam med bka'brgyud lugs kyi phyag rgya chen po dang'brel ba'i chos skor*）（New Delhi: Institute of Tibetan Classics, 2008, ISBN 81-89165-05-4）。

1. 祥尊化身拉日瓦・虛空光 著／旬努拉輯寫之〈修證大手印之大根基前行與正行〉出自該合集第31–48頁。
2. 祥・尊追扎巴 著的〈大手印究竟甚深道〉出自該合集第49–78頁。
3. 竹巴・貝瑪噶波 著的〈大印備忘錄〉出自該合集第79–90頁。
4. 第三世噶瑪巴・讓炯多傑 著之〈俱生和合大手印釋解〉出自該合集第91–102頁。
5. 第三世噶瑪巴・讓炯多傑 著之〈了義大手印祈願文〉出自該合集第103–106頁。
6. 孜立那措讓卓之〈最勝闡明大手印究竟義〉出自該合集第191–228頁。

引文出處

出自藏文大藏經《甘珠爾》和《寧瑪密續總集》：

- 《法句經》（*Aphorisms*）（梵文：*Udānavarga*；藏文：*Ched du brjod pa'i tshoms*）Toh 326, mdo sde sa.209b–253a7。
- 《華嚴經》（梵文：*Avataṃsakasūtra*；藏文：*Sangs rgyas phal po che zhes bya ba shin tu rgyas pa chen po'i mdo*. Toh 44, phal chen ka–a。
- 《佛頂蓋密續》（*Buddhakapāla Tantra*）（藏文：*Sangs rgyas thod pa'i rgyud*）Toh 424, rgyud nga。
- 《不可思議秘密勝樂金剛續》（梵文：*Cakrasaṃvaraguhyācintyatantra*；藏文：*'Khor lo sdom pa gsang* ba *bsam gyis mi khyab pa'i rgyud kyi rgyal po*）Toh 385,rgyud ga. 196a1–199a1。
- 《金剛頂經》（*Compendium of Truths*）（梵文：*Tattvasaṃgraha*；藏文：De kho na nyid bsdus pa）Toh 479, rgyud nya. 1b1–142a7。
- 《般若八千頌》（梵文：*Aṣṭasāhasrikāprajnāpāramitā*；藏文：*Shes rab pha rol tu phyin pa brgyad stong* pa）Toh 12, sher phyin ka. 1b1–286a6。
- 《現證大日如來續》（*Enlightenment of Vairocana*）（梵文：*Mahāvairocanābhisambodhi*；藏文：*Rnam par snang mdzad chen po mngon par rdzogs par byang chub pa*）Toh 494, rgyud tha. 151b2–260a7。

- 《喜金剛續》（*Hevajratantra*）（藏文：*Kye'i rdo rje zhes bya ba rgyud kyi rgyal po*）Toh 417. rgyud nga. 1b1–13b5。
- 《大寶積經》第四十三品〈迦葉請問品〉（*Kāśyapa Chapter*）（梵文：*Kāśyapaparivartasūtra*；藏文：*'Od srungs gis zhus pa lung bstan pa mdo*）Toh 87, dkon brtsegs cha. 119b1–151b7。
- 《三摩地王經》（*King of Samādhis Sutra*）（梵文：*Samādhirājasūtra*；藏文：*Ting nge 'dzin rgyal po'imdo*）Toh 127, mdo sde da. 1b1–170b7。
- 《密集續》（*Secret Essence Tantra*）（梵文：*Guhyagarbhatantra*；藏文：*Gsang ba'i snying po de kho na nyid rnam par nges pa*）Toh 832, rnying rgyud kha. 110b1–132a7。
- 《本智密燈續》（*Secret Lamp of Wisdom Tantra*）（梵文：*Jnānaguhyadīparatnopadeśatantra*；藏文：*Ye shes gsang ba sgron ma man ngag rin po che'i rgyud*）收錄於 *Rnying ma'i rgyud'bum*，卷四，2–24，不丹廷布（Thimbu）：頂果欽哲仁波切（Dingo Khyentse Rimpoche），1975。
- 《聖妙夜經》（或《佛說善夜經》）（*Sutra of the Excellent Night*）（梵文：*Bhadrakarātrisūtra*；藏文：*Mtshan mo bzang po*）Toh 313, mdo sde sa. 161b1–163b5。
- 《大乘大集地藏十輪經》（*Ten Wheels of Kṣitigarbha Sutra*）（梵文：*Daśacakrakṣitigarbhasūtra*；藏文：*Chen po las sa'i snying po'i 'khor lo bcu pa*）Toh 239, mdo sde zha. 100a1–241b4。
- 《大乘聖臨終智經》（*Wisdom upon Passing Away Sutra*）（梵文：*Atyayajnānasūtra*；藏文：*'Da' ka ye shes*）Toh 122, mdo sde tha. 153a1–153b1。

出自藏文大藏經《丹珠爾》的有：

- 馬鳴菩薩（Aśvaghoṣa），《除憂經》（*A Letter of Consolation*）（梵文：*Śokavinodana*；藏文：*Mya ngan bsal ba*）Toh 4177, spring yig' nge. 34a3–35b2。
- 四十大成就者（Forty Mahāsiddhas），《成就金剛道歌：口訣莊嚴黃金鬘》（*Creation of Vajra Songs: A Golden Garland of the Adorning Marks of Instructions*）（梵文：*Vajragītibhāvanopadeśatilakakanakamālā*；藏文：*Rdo rje'i mgur bzhengs pa nyams kyi man ngag thig le gser gyi phreng ba*）Toh 2449,rgyud zi.83a1–85b6。
- 蓮華戒（Kamalaśīla），〈無字大手印〉（*Letterless Mahāmudrā*）（梵文：*Mahāmudrātattvānākṣaropadeśa*；藏文：*De kho na nyid phyag rgya chen po yi ge med pa'i man ngag*）Toh 2325, rgyud zhi. 266b2–267b2。
- 彌勒菩薩（Maitreyanātha），《辯中邊論》（*Distinguishing the Middle Way from the Extremes*）（梵文：*Madhyāntavibhāga*；藏文：*Dbus dang mtha' rnam par 'byed pa*）Toh 4021, sems tsam phi. 40b1–45a6。
- 彌勒菩薩，《寶性論》（或《大乘無上續論》）（*Sublime Continuum*）（梵文：*Mahāyāna Uttaratantraśāstra*；藏文：*Theg pa chen po rgyud bla ma'i bstan bcos*）Toh 4024, sems tsam phi. 54b1–73a7。
- 彌勒菩薩，《大乘莊嚴經論》（*Ornament of the Mahayana Sutras*）（梵文：*Mahāyanasūtrālaṃkāra*；藏文：*Mdo sde rgyan*）Toh 4020, sems tsam phi. 1a1–39a4。

- 龍樹菩薩（Nāgārjuna），〈親友書〉（*Letter to a Friend*）（梵文：*Suhṛllekha*；藏文：*Bśes pa'i sprin yig*）Toh 4182, spring yig nge. 40b4–46b3。
- 龍樹菩薩，〈讚法界頌〉（*Praise to the Dharmadhātu*）（梵文：*Dharmadhātustava*；藏文：*Chos kyi dbyings su bstod pa*）Toh 1118, bstod tshogs ka. 63b5–67b3。
- 那洛巴（Nāropa），《攝見集》（*Summary of the View*）（梵文：*Dṛṣtisaṃkṣipta*；藏文：*Lta ba mdor* bsdus pa）Toh 2304, rgyud zhi. 244a5–245b3。
- 寂天菩薩（Śāntideva），《入菩薩行論》（*Entering the Conduct of a Bodhisattva*）（梵文：*Bodhicaryāvatāra*；藏文：*Byang chub sems dpa'i spyod pa la 'jug pa*）Toh 3871, dbu ma la. 1a1–40a7。
- 薩惹哈（Saraha），《道歌寶藏》（*Treasury of Dohas*）（梵文：*Dohakoṣagīti*；藏文：*Do ha mdzod kyi* glu）Toh 2224, rgyud wi. 70b5–77a3。
- 帝洛巴（Tailikapāda or Tilopa），《大手印口訣》（*Mahāmudrā Instructions*）（梵文：*Mahāmudropadeśa*；藏文：*Phyag rgya chen po'i man ngag*）Toh 2303, rgyud zhi. 242b7–244a5。
- 世親論師（Vasubandhu），《大乘五蘊論》（*Treatise on the Five Aggregates*）（梵文：*Pancaskandhaprakaraṇa*）Toh 4059 Tengyur, sems tsam, shi. 11b4–17a7。

出自藏文之原創著作的有：

- 當巴．桑傑（Dampa Sangye），《密續精華錄》（*The Essence of a Precious Portion of the Tantras:A Secret "Paciifying Suffering" Text*）（藏文：*Dam chos sdug bsngal zhi byed kyi gzhung gsang ba bsam gyi mi* khyab *pa'i rgyud sde'i dum bu rin po che'i snying po*）收錄於蔣貢康楚（Jamgön Kongtrul）《口訣藏》（*The Treasury of Instructions*）（藏文：*Gdams ngag mdzod*）,vol.13 （pa）,1a–19b1，德里：雪千出版社（Shechen Publications）,1999。
- 岡波巴．索南．仁千（Gampopa Sönam Rinchen），《究竟寶藏》（Sgam po pa Bsod rnams rin chen）（*Treasury of the Ultimate:Introduction to the Essence*）（藏文：*Snying po'i ngo sprod don dam gter mdzod*）收錄於《岡波巴合集》（*Collected Works of Sgam po pa Bsod rnams rin Chen*）vol.ga,section ra.（Kathmandu: Khenpo S. Tenzin and Lama T.Namgyal, 2000）。
- 岡波巴．索南．仁千，《解脫莊嚴寶論》（*Ornament of Precious Liberation: Like a Wish-Fulfilling Gem of Sublime Dharma*）（藏文：*Dam chos yid bzhin nor bu thar pa rin po che'i rgyan*）收錄於 Rtsib ri spar ma，卷一第 33–479 頁，（Darjeeling: Kagyu Sungrab Nyamso Khang, 1975–85）。
- 揚貢巴（Gyalwa Yangönpa）（藏文：*Rgyal ba yang dgon pa*），《無礙大圓滿大密續》（*The Great Tantra that Teaches Unimpeded Dzogchen*）（藏文：*Rdzogs pa chen po zang thal du bstan pa'i rgyud chen mo*）收錄

於《無礙了證大圓滿法教》（*Teachings on the Unimpeded Realization of Dzogchen*）（藏文：*Rdzogs pa chen po dgongs pa zang thal gyi chos skor*），卷三（Delhi:Tashigang, 1979）。

• 貢噶仁千（Kunga Rinchen）（藏文：*Kun dga' rin chen*），《開啓大手印內觀之眼》（*Opening the Eyes of the Innate Mahāmudrā View*）收錄於《直貢噶舉法寶》（*The Great Dharma Treasury of the Drigung* Kagyu）（藏文：*'Bri gung bka' brgyud chos mdzod chen mo*）第五十三—五十六冊中之《怙主貢噶仁千開示集》（*The Collected Teachings of Lord Kunga Rinchen*）（藏文：*Rje kun dga' rin chen gyi 8 bka' 'bum*）第五十四（yi）冊，38b–61a.（Lhasa: n.p., 2004）。

• 林千・惹巴・貝瑪・多傑（Lingchen Repa Pema Dorjé）（藏文：*Gling chen ras pa Pad ma rdo rje*），《林千惹巴貝瑪多傑合集》（*Collected Works of Lingchen Repa Pema Dorje*）（藏文：*Gling chen ras pa padma rdo rje'i gsung 'bum*）（India: Khams pa sgar gsung rab nyams gdo khang, 1985）。

• 米覺多傑（Mikyö Dorjé）（藏文：*Mi bskyod rdo rje*），〈殊勝杜松虔巴之傳法：《入中論》釋論〉（*The Transmission of Glorious Dusum Khyenpa: A Commentary on [Candrakīrti's] "Entering the Middle Way."*）（Palpung Monastery, n.d.）。

• 阿里伏藏師噶旺・多傑（Ngari Tertön Garwang Dorjé）（藏文：*Mnga' ris gter ston Gar dbang rdo rje*），《大手印：見心赤裸本性》（*Mahāmudrā:Seeing the Naked Intrinsic Nature*）（藏文：*Phyag chen gnyug ma gcer mthong*）（Delhi: Lama Dawa, 1983）。

- 桑傑．林巴（Sangyé Lingpa）（藏文：*Sangs rgyas gling pa*），《上師了證之和合》（*Unity of the Gurus' Realization*）（藏文：*Bla ma dgongs 'dus*）第十三卷（Gangtok: Sonam Topgay Kazi, 1972）。
- 滇津．敦昆．竹貝．德（Tenzin Dönkun Drupai Dé）（藏文：*Bstan 'dzin don kun grub pa'i sde*），《趣偉大奧明淨土之勝道：大手印俱生和合修證口訣》（*The Excellent Path that Leads to the Great Akaniṣṭha: Instructions on the Main Practice of the Mahāmudrā Innate Union*）（藏文：*Phyag rgya chen po lhan cig skyes sbyor dngos gzhi'i khrid yig 'og min chen por bgrod pa'i lam bzang*）出自《竹巴傳承大法藏》（*The Great Dharma Treasury of the Drukpa Tradition*）（藏文：*'Drug lugs chos mdzod chen po*）第四十六卷（pa）593a–726b（Kathmandu: Drukpa Kagyu Heritage Project, n.d.）。
- 望秋．嘉岑（Wangchuk Gyaltsen）（藏文：*Dbang phyug rgyal mtshan*），《無垢法教之大樂：那洛巴傳》（*Great Bliss of Stainless Teachings: A Biography of Nāropa*）（藏文：*Nā ro pa'i rnam thar dri med legs bshad bde chen*）（Palampur, H.P., India: Sungrab nyamso gyunphel parkhang, 1972–76）。
- 耶些．迥內（Yeshé Jungné）（藏文：*Ye shes 'byung gnas*），《入大乘瑜伽之法》（*The Methods for Entering the Mahāyāna Yoga*）（藏文：*Theg pa chen po'i rnal 'byor la 'jug pa'i thabs bye brag tu 'byed* pa），出自《廣大教誡》（*The Extensive Instructions*）（藏文：*Bka' ma shin tu rgyas pa*），第五十九卷（hi），1a–22a, Chengdu: Kaḥ thog mkhan po 'jam dbyangs, 1999。

英譯者引用之英文著作

- 艾瑞斯，麥克（Aris, Michael），《不丹：喜馬拉雅國度之早期歷史》（*Bhutan: The Early History of a Himalayan Kingdom*），一九七九年，由英國渥明斯特（Warminster）艾瑞斯和飛利浦（Aris and Phillips）出版。
- 布朗，丹尼爾（Brown, Daniel P.），《直指大道：大手印修證次第》（*Pointing Out the Great Way: The Stages of Meditation in the Mahāmudrā Tradition.*），二〇〇六年，波士頓：智慧出版社（Wisdom Publications）。
- 張澄基（Chang, Garma C.C.），《那洛六法及大手印教法》（*The Six Yogas of Naropa and Teachings on Mahamudra*），一九八六年，紐約綺色佳：雪獅出版社（Ithaca, NY: Snow Lion Publications）。
- 寇宙，丹尼爾（Cozort, Daniel），《無上瑜伽續》（*Highest Yoga Tantra*），1986 年，紐約綺色佳：雪獅出版社（Ithaca,NY:Snow Lion Publications）。
- 達波．札西．南嘉（Dakpo Tashi Namgyal），《大手印指導教本：明現本來性》（*Clarifying the Natural State: A Principal Guidance Manual for Mahamudra*），英譯者：艾瑞克．貝瑪．袞桑（Erik Pema Kunsang），二〇〇一年，香港：讓炯耶些出版社（Hong Kong:Rangjung Yeshe Publications）。
- 達波．札西．南嘉，《月光大手印》（*Mahāmudrā:The Moonlight—Quintessence of Mind and Meditation*），英譯者：洛桑．拉朗巴（Lobsang Lhalungpa），二〇〇六年，波士頓：智慧出版社（Boston: Wisdom

Publications）。

- 戴維森，雷諾（Davidson, Ronald M.），《印度的佛教密法》（*Indian Esoteric Buddhism*），二〇〇三年，紐約：哥倫比亞大學通訊社（New York: Columbia University Press）。
- 哲歐，多傑（Dzeö, Dorjé）（藏文：Rdo rje mdzes 'od），《一切所需之源的珍寶藏：噶舉偉大傳記》（*The Precious Treasury that Is the Source of All that Is Required: Great Kagyu Biographies*）（藏文：*Bka' brgyud kyi rnam thar chen mo rin po che'i gter mdzod dgos 'dod 'byung gnas*），出自：Kangra, H.P., India: Tzondu Senghe, 1985。
- 多傑，雪樂（Dorje, Sherab），《第八世大司徒對第三世噶瑪巴大手印願文之釋解》（*The Eighth Situpa on the Third Karmapa's Mahamudra Prayer*），二〇〇四年，紐約綺色佳雪獅出版社（Ithaca, NY: Snow Lion）。
- 達袞，瑟辛（Cécile Ducher），《打造傳統：馬爾巴譯師的生平故事》（*Building Tradition: The Lives of Mar-pa the Translator*），出自：Munich: Indus Verlag, 2014。
- 伊凡－溫茲（W.Y. Evans-Wentz）等所著的《西藏瑜伽及祕密教法》（*Tibetan Yoga and Secret Doctrines*），出自：London: Oxford University Press, 1935。
- 郭譯師（Gö Lotsāwa），《青史》（*The Blue Annals,* trans. George N. Roerich）（藏文：*'Gos lo tsā ba Gzhon nu dpal*），出自：Calcutta: Motilal Banarsidass, 1949。

- 嘉唐巴・德千・多傑（Gyalthangpa Dechen Dorjé）（藏文：Gyal thang pa [Rgya ldang pa] Bde chen rdo rje），《噶舉的黃金傳續》（*Golden Succession of the Kagyu*）（藏文：*Dkar brgyud gser phreng*），出自：Tashijong, Palampur, H.P.,India: Sungrab Nyamso Gyunphel Parkhang, 1973。
- 蔣貢康楚羅卓泰耶（Jamgön Kongtrul Lodrö Thayé）（藏文：'Jam mgon kong sprul Blo gros mtha' yas），《生起與圓滿次第：修證密法的要點》（*Creation and Completion: Essential Points of Tantric Meditation*. Trans. Sarah Harding），出自：Boston: Wisdom Publications,1996。
- 蔣貢康楚羅卓泰耶，《知識寶藏》（*The Treasury of Knowledge*）（藏文簡稱：*Shes bya kun khyab*，全名：*Theg pa'i sgo kun las btus pa gsung rab rin po che'i mdzod bslab pa gsum legs par ston pa'i bstan bcos shes bya kun khyab*），第三冊，出自：Xining: Mi rigs Dpe skrun khang, 1982。
- 蔣貢康楚羅卓泰耶，《知識寶藏》第六冊之三〈佛教哲學綱要〉（*Frameworks of Buddhist Philosophy: A Systematic Presentation of the Cause-Based Philosophical Vehicles*. Trans. Elizabeth M. Callahan），出自：Ithaca, NY: Snow Lion Publications, 2007。
- 蔣貢康楚羅卓泰耶，《知識寶藏》第八冊之三〈密法修證要素〉（*The Elements of Tantric Practice: A General Exposition of the Process of Meditation in the Indestructible Way of Secret Mantra*. Trans. Elio Guarisco and Ingrid McLeod），出自：Ithaca, NY:Snow Lion, 2008。
- 蔣貢康楚羅卓泰耶，《知識寶藏》第八冊之四〈密傳口訣〉（*Esoteric Instructions*）、《金剛乘修證過程詳解》（*A Detailed Presentation of the Process of Meditation in Vajrayāna*. Trans. Sarah Harding），出自：Ithaca, NY:Snow Lion Publications, 2007。

- 噶瑪巴旺秋多傑（Karmapa Wangchuk Dorjé），《了義海》（*Mahāmudrā:The Ocean of Definitive Meaning*. Trans. Elizabeth Callahan），出自：Seattle: Nitartha, 2001。
- 噶瑪巴旺秋多傑，《大手印：除無明闇》（*The Mahāmudrā: Eliminating the Darkness of Ignorance*. Trans. Alexander Berzin），出自：Dharamsala: Library of Tibetan Works and Archives, 1978。
- 噶托・策旺・諾布（Kathok Tsewang Norbu）（藏文：Kaḥ thog tshe dbang nor bu）《簡明正確的絕對年表：馬爾巴、密勒日巴及岡波巴等聖傳之種子》（*Clear Brief Correct Account of Definite Chronology: Seeds* of the Biographies of Some Holy Beings, such as Marpa, Milarepa, and Gampopa）（藏文：*Mar mi dwags po jo bo rje yab sras sogs dam pa 'ga' zhig gi rnam thar sa bon dus kyi nges pa brjod pa dag ldan nyung gsal. In Kathok Rikzin Tsewang Norbu's*），出自《噶托・策旺・諾布合集》（*Collected Works. Kaḥ thog rig 'dzin tshe dbang nor bu'i bka' 'bum*）第三冊，第640–54頁（Beijing: Krung go'i bod rig pa dpe skrun khang, 2006）。
- 拉森，史提芬（Larsson,Stefan），《為智瘋狂：十五世紀西藏瘋行者》（*Crazy for Wisdom: The Making of a Mad Yogi in Fifteenth-Century Tibet*），出自：Leiden: Brill, 2012。
- 〔拉舜・仁千・南嘉〕（Lhatsun Rinchen Namgyal），《那洛巴的生平及法教》（*Life and Teaching of Naropa, trans. Herbert V. Guenther*），出自：Boston: Shambhala, 1986。

- 盧梭斯，丹（Dan Lusthaus），《佛教現象學：瑜伽行派哲理之探究》（*Buddhist Phenomenology: A Philosophical Investigation of Yogācāra*），出自：London: Routledge Curzon, 2002。
- 馬丁，丹（Martin, Dan），〈西元十二世紀大手印經典：大手印究竟甚深道——祥尊大手印口訣〉（A Twelfth-Century Tibetan Classic of Mahāmudrā: The Path of Ultimate Profundity: The Great Seal Instructions of Zhang），《國際佛教研究學會期刊》（*The Journal of the International Association of Buddhist Studies*）15.2（1992）:243–319。
- 慕林，格藍（Mullin, Glen H.），《那洛六法的修證》（*The Practice of the Six Yogas of Naropa*），出自：Ithaca, NY: Snow Lion, 1997。
- 奎門，安筑（Quintman, Andrew），《瑜伽士與瘋子：西藏聖者密勒日巴傳記合集》（*The Yogin and the Madman: Reading the Biographical Corpus of Tibet's Great Saint Milarepa*），出自：New York: Columbia University Press, 2014。
- 噶瑪巴讓炯多傑（Rangjung Dorjé,Karmapa）（藏文：Rang byung rdo rje），《辨識與智》（*Treatise Differentiating Consciousnesses and Wisdom*）（藏文：*Rnam shes dang ye shes 'byed pa'i bstan bcos*），出自《噶瑪巴讓炯多傑合集》（藏文：*Karma pa rang byung rdo rje'i gsung 'bum*）第七冊，第275–82頁（Zi ling: Tshur phu mkhan po lo yag bkra shis, 2006）。
- 羅伯斯，彼得・艾倫（Roberts, Peter Alan），《惹瓊巴傳：西藏聖者行傳之演進》（*The Biographies of*

Rechungpa: The Evolution of a Tibetan Hagiography），出自：Abingdon,Oxon: Routledge, 2007。

- 羅伯斯，彼得．艾倫，〈密勒日巴和惹瓊巴傳記之演進〉（The Evolution of the Biographies of Milarepa and Rechungpa），收錄於《活過的人生．想像的人生》（*Lives Lived, Lives Imagined: Biography in the Buddhist Traditions*, ed. Linda Covill et al.），第181–203頁（Boston: Wisdom Publications, 2010）。
- 羅伯斯，彼得．艾倫，《大手印及相關口訣：噶舉派之核心法教》（*Mahāmudrā and Related Instructions: Core Teachings of the Kagyu School*），出自：Boston: Wisdom Publications, 2011。
- 薛弗，見克提斯（Schaeffer, Kurtis R.），《夢見偉大的婆羅門：詩聖薩惹哈之藏傳佛教傳統》（Dreaming the Great Brahmin: Tibetan Traditions of the Buddhist Poet-Saint Saraha），出自：Oxford:Oxford University Press, 2004。
- 史杜爾，蔣巴．麥肯錫（Stewart,Jampa Mackenzie），《岡波巴的生平》（*The Life of Gampopa*），出自：Ithaca, NY: Snow Lion, 1995。
- 達采．策旺．嘉（Tatsak Tsewang Gyal）（藏文：Rta tshag Tshe dbang rgyal），《洛隆佛教史》（*Dharma History from Lhorong*）（藏文：Lho rong chos'byung ）（註：此殊勝、稀有、特別的佛教史，以其著作之地而聞名，稱為《洛隆佛教史》或《達采佛教史》（*The Dharma History from Tatsak*）），出自：青海（Mtsho sngon）：Bod ljongs bod yig dpe rnying dpe skrun khang, 1994。
- 聽列，噶瑪（Thinley,Karma），《西藏十六代噶瑪巴之歷史》（*The History of the Sixteen Karmapas of*

Tibet），出自：Boulder, CO: Prajna Press, 1980。

- 托拉，斐納多（Tola,Fernando Tola）和卡門・卓根內笛（Carmen Dragonetti），《意識生靈：佛教瑜伽行派之哲學》（*Being as Consciousness:Yogācāra Philosophy of Buddhism*），出自：Delhi: Motilal Banarsidass, 2006。
- 倉雍黑魯嘎（Tsangnyön Heruka），《密勒日巴十萬道歌》（*The Hundred Thousand Songs of Milarepa*, trans. Garma C.C. Chang），出自：Boston: Shambhala, 1989。
- 倉雍黑魯嘎，《馬爾巴譯師傳：見一切，成一切》（*The Life of Marpa the Translator: Seeing All Accomplishes All*, trans. Nalanda Translation Committee），出自：Boston: Shambhala, 1982。
- 倉雍黑魯嘎，《密勒日巴傳》（*The Life of Milarepa*, trans. Andrew Quintman），出自：New York: Penguin, 2010。
- 孜立・那措・讓卓（Tselé Natsok Rangdröl）（藏文：Rtse le sna tshogs rang grol, b.1608），〈回應曼貢之問〉（藏文：*Sman sgom gyi dris lan gnyis chos zung 'jug gi ngo sprod zhal gdams*），收錄於《合集》（*Collected Works*）第四冊，第515–36頁（Gangtok: Mgon po tshe brtan, 1979）。
- 孜立・那措・讓卓，《大手印之燈》（*Lamp of Mahamudra. Trans. Erik Pema Kunsang*），出自：Boston: Shambhala Publications, 1989。
- 喇嘛圖滇・耶些（Yeshe, Lama Thubten），《拙火之樂：那洛六瑜伽修行心要》（*The Bliss of Inner Fire: Heart Practice of the Six Yogas of Naropa*），出自 Boston: Wisdom, 1998，中文版橡樹林文化，二〇〇七。

詞彙解釋

【一劃】

一日戒（八關齋戒）（one-day vows）（藏文：*bsnyen gnas*；梵文：upavāsa）：主要給居士所受持的二十四小時戒；受戒內容有八條：不殺、不盜、不淫、不妄語、不飲酒、不非時食、不坐高廣大床，以及不香花鬘嚴、不歌舞觀聽。

【二劃】

二資糧（two accumulations）（藏文：*tshogs gnyis*）：福德和智慧二者的累積。

二障（two obscurations）（藏文：*sgrib gnyis, āvaraṇa*）：煩惱障和所知障；後者是以受障礙的對象來命名，而不是以障礙之因——最細微的無明來命名。

【三劃】

三界（three realms）（藏文：*khams gsum*；梵文：traidhātu）：欲界、色界、無色界。欲界中有六道眾生，包括部分天人在內，如兜率天和忉利天的眾生；色界的天人形體更細微、壽命更長，奧明淨土（或色究竟天）爲其最高層天；無色界的眾生沒有形體，能入於大樂三摩地中數千劫。

三摩地（或三摩定）（samādhi）（藏文：*ting nge 'dzin*）：字面意思可以翻譯爲「專注」，亦即心的完全專一，因此指的是遠離散亂的禪定狀態。亦見「定」條。

三輪（triple aspects of conceptualization）（藏文：*'khor gsum, trimaṇḍala*）：指的是造作行爲者、行爲本身，以及領受行爲的對象。

大鵬金翅鳥（或譯迦樓羅）（garuda）（藏文：*khyung*；梵文：garuḍa）：具有大力的神秘鳥類，形象半人半鳥，爲龍族的敵人。

【四劃】

中脈（central channel）（藏文：*dbu ma*；梵文：avadhūtī）：就細微的生理而言，中脈爲命氣所經的主要通道，它與脊椎平行。有些密續法門會在細微生理上進行修證。

中觀學派（Madhyamaka）（藏文：*dbu ma*）：流傳自龍樹菩薩的學派，主張有別於有邊和無邊的中道。所有藏傳佛教教派都遵循中觀學派，惟在實際解釋中觀見地時有所不同。

五眼（five kinds of visions）（藏文：*spyan lnga*；梵文：pancacakṣus）：肉眼、天眼、慧眼、法眼、佛眼。

六度波羅密（six perfections）（藏文：*phar phyin drug*；梵文：ṣaḍpāramitā）：大乘菩薩道的主要修持，分別爲布施、持戒、忍辱、精進、禪定、智慧。

六道（six existences）（藏文：*rigs drug*）：六種輪迴道，分別爲地獄、餓鬼、畜牲、人類、阿修羅、天人。

化身（nirmāṇakāya）（藏文：*sprul pa'i sku*）：佛的二種色身之一。化身是佛陀在世間的一種化現，一般眾生可以看見，相對於惟有證悟者才看得見的報身。化身的觀念也可以衍生爲看似非佛的化現，例如看似一般的凡夫、動物，甚至是無生命的橋梁、船隻、食物等，任何可以幫助眾生的東西。藏文 tulku 也約定成俗的用以指稱一位上師的轉世。

天神（devas）（藏文：*lha*）：它可以是任何神或本尊的通稱，特指印度神話中擁有不死甘露的天神，而阿修羅一直想要偷取祂的甘露未果。它可以衍生爲投生於輪迴中天道的任何眾生。

【五劃】

世間八法（eight worldly concerns）（藏文：*'jig rten chos brgyad*）：利、衰、譽、毀、稱、譏、苦、樂。

外道（tīrthikas）（藏文：*mu stegs pa*）：用以指稱在印度傳統中的非佛教徒。

本俱和合（innate union）（藏文：*lhan cig skye sbyor*；梵文：sahajayoga）：有時譯爲「俱生」或「合生」之和合，意思是與自心中的自然狀態合一，或是與內心所現起的一切合一。

本尊（yidam deity）（藏文：*yi dam*）：藏文字義爲「誓願」，但更正確的說，它指的是對本尊的誓願。其梵文的對等詞爲 iṣṭadeva 或 iṣṭadevatā，字義是「所屬意的本尊」，強調的是行者所屬意的，或所選擇的本尊。

【六劃】

伏藏法（terma）（藏文：*gter ma*）：爲發掘出來的法教，可以是在前世埋藏於心續中的修法，或者是埋藏起來的有形經文、文物或物質。

地（level）（藏文：*sa*；梵文：bhūmi）：多數時候，用來指稱菩薩在成佛過程中所經歷的階段，通常分爲十地，但也有更細的分法。

有部（Vaibhāṣika）（藏文：*bye brag tu smra ba*）：此傳統依據的是一般所謂的毘婆沙（梵文：Vibhāsa），亦即一部阿毘達磨教法的合集。

自明（或自覺）（self-knowing）（藏文：*rang rig*；梵文：svasaṃvedyā）：有時指的可以是個人的知識或感知，特別是指能夠自感知的心識，如唯識學派之主張。

色界（form realm）（藏文：*gzugs khams*；梵文：rūpadhātu）：色界有十七天，眾生依禪定力而投生色界。

【七劃】

身（kāya）（藏文：*sku*）：佛身展現的是佛的證悟功德。早期佛教文獻只提二身，亦即有形的色身，以及無形的法身或眞身。之後，色身又分二，而形成眾所周知的佛之三身：法身、報身、化身。另，亦有四身或五身的更細分類。

邪魔（gongpo）（藏文：*'gong po*）：魔的一種，能夠引人造惡，或是讓人迷戀財富、權力等。

【八劃】

夜叉（yakṣa）（藏文：*gnod sbyin*）：女夜叉的梵文爲 yakṣī 或 yakṣiṇī；夜叉爲一種具有超能力的眾生，通常做爲財神的侍者，然而也可以是鬼神類。雖然夜叉通常被視爲是善類，但藏文字義爲「作障者」，因爲它們也有障礙眾生的能力。

定（或禪那）（梵文：dhyāna；藏文：*bsam gtan*）：三摩地（梵文：samādhi）和奢摩他（梵文：śamatha）的同義詞，意爲「住」或「定」。它的梵文字源自三摩地中的 dhi，其最接近的白話意思爲「專注」，指的是心專注在一點上，不散逸；在比較不嚴謹的用法中，它可以就是「禪修」的意思。

明光（luminosity）（藏文：*'od gsal*；梵文：prabhāsvara）：梵文原意更正確的翻譯應該是「明性」。對比於心的空性本質，它描述的是心的鮮明本質。

明善行（vidyāvrata）（藏文：*rig pa brtul zhugs*）：意爲「明知的行爲」，用以稱呼那些公開的密續生活形態，例如穿著密續修行者的衣服、擁有明妃等。

明點（梵文：bindu；藏文：*thig le*）：它通常的意思是一個點或一滴。當它的意思是「精華」時，指的是從某個東西中提煉出的主體或特性。在密續的徵相而言，它指的是在氣脈中運行的細微精華物質，或是較粗的分泌物。

明覺（knowing）（藏文：*rig pa*；梵文：vidyā）：Vidyā可以是對知識的通稱，如不同領域中的知識，或是心的一般感知。然而，根據上下文，它可以有更深的含義，尤其用來指稱心之非思維概念的覺性。

法（Dharma）（藏文：*chos*）：在佛經中，它最常指的是佛陀的法教；佛陀的法教因能解脫痛苦而受人尊崇。在梵文中，「法」可以是「眞理」或「宗教」的總稱，但它還有許多其他含義，例如物理上存在的物件，或心理上存在的意念，這些往往也被稱之爲「法」。

法身（梵文：dharmakāya；藏文：*chos sku*）：佛的眞身，對比於佛的色身（梵文：rūpakāya）。法身最初指的是法教本身，也就是佛的色身入滅後，佛或佛身仍然以法教的形式住世。之後，法身演進爲究竟實相或空性的同義詞，或指對佛心續中的實相或空性之了悟。

法界（梵文：dharmadhātu；藏文：*chos kyi dbyings*）：可以泛指整個現象界，也可以指現象界的本體要素，亦即空性或不可分的明空雙融。

法輪（Dharma wheel）（藏文：*chos kyi 'khor lo, dharmacakra*）：此一名相出自早期佛經將佛陀比喻爲轉輪勝王的典故，但佛陀轉動的是佛法之輪，而不是世間的權力之輪。大乘中，佛陀三轉法輪：一轉法輪是攝受聲聞緣覺眾的一般教示；二轉法輪開示空性，以《般若經》爲代表；三轉法輪開示佛性。亦見「轉輪勝王」條。

波羅密多（perfections）（梵文：parāmitā；藏文：*pha rol tu phyin pa*）：見「六度波羅密」條。

空行母（梵文：ḍākinī；藏文：*mkha' 'gro ma*）：在早期的印度和佛教文獻中，如同勇父（梵文：ḍākas）

一般的，空行母也被描述爲邪惡的吃人魔，至今仍有一類空行母稱爲「啖肉空行母」。在不循世道、高階的密續中，空行母變成是這些密法的守護者。智慧空行母（梵文：jñānaḍākinī）是已獲證悟者，爲了利益眾生而化現的空行母。類似地，已獲證悟的女性，尤其是未剃度者，也被稱爲空行母，其中包括上師的母親或明妃。

空性（emptiness）（藏文：*stong pa nyid*；梵文：śūnyatā）：大乘佛法中以空性來指出一切現象無有眞實自性；此爲中觀學派對實相的主要思想。

金剛（vajra）（藏文：*rdo rje*）：字面意思爲「雷霆」，此不可摧毀、不可抵抗的武器，最早出現在印度文獻中吠陀神因陀羅（帝釋天，Indra）的手中。藏傳佛教中，金剛通常被當作修飾詞，用來指稱密續道，以金剛來象徵密續道的速疾和威猛，以及法身的不可摧毀。

金剛手（Vajrapāṇi）（藏文：*phyag na rdo rje*）：同爲憤怒尊和菩薩，代表證悟的力量；另外，歷史上還有一位同名者，這位出世於西元一〇一七年的金剛手，跟大手印在西藏的傳揚有關。

金剛身（vajra body）（藏文：*rdo rje'i sku*；梵文：vajrakāya）：佛的肉身。

金剛持（Vajradhara）（藏文：*rdo rje 'chang*）：佛陀的報身形象，據說佛陀以金剛持的形象開示密續。在噶舉派中，金剛持也是法身的體現，以及報身本尊化現的來源。

金剛乘（Vajrayāna）（藏文：*rdo rje theg pa*）：密乘，或密咒乘。

阿毘達磨（梵文：Abhidharma；藏文：*mngon pa'i chos*）：此法教對佛教的基礎及世界觀進行分析式的

總論，主要在分析心識活動，及其與修行過程的關連；它同時也描述佛教的宇宙觀，以及外在世界的組成。在藏傳佛教裡，世親論師和無著論師的著作，是研究阿毘達磨的基礎。

阿修羅（梵文：asuras；藏文：*lha ma yin*）：嫉妒天人的一種具有力量的眾生。阿修羅在西藏文化中沒有什麼重要性，僅爲六道眾生中的一道。在五道眾生的分類法中，阿修羅道通常被省略。

阿賴耶（梵文：ālaya；藏文：*kun gzhi*）及阿賴耶識（藏文：*kun gzhi rnam shes, ālayavijñāna*）：「阿賴耶」字面意思爲住處或居處，例如喜馬拉雅（梵文：Himālaya）的字面意思是「冰雪的住處」。阿賴耶的藏文翻譯爲 kun gzhi，意思是「一切的基礎」，然而它主要指的是眾生各個的心或心續，而不是一個共享的基礎。

「阿賴耶」的觀念在早期佛教當中就有，小乘佛教稱它爲「有分」（梵文：bhavaṅga），被用來說明在心識停止後，人並非就不存在了。之後，尤其是在唯識學派中，阿賴耶被解釋爲是業力種子的貯存所，以及個別眾生內心經驗的來源。通常阿賴耶與阿賴耶識爲同義詞；阿賴耶識爲輪迴的無記性基礎，於解脫之當下息滅。

阿闍黎（梵文：ācārya；藏文：*slob dpon*）：印度傳統上賦予具有學問、修行或地位者的尊稱。

【九劃】

持明（vidyādhara）（藏文：*rig ’dzin*）：一種具有神通的超人類。因其「知識持有者」之意，而成爲藏文中對密續大成就者的尊稱。

相好與隨形好（primary and secondary signs）：聖者的徵相或標記，如佛陀具有三十二相好及八十隨形好。

食子（或多瑪）（torma）（藏文：*gtor ma*；梵文：bali）：修法儀式中所供養的食物，通常以糌粑和奶油製成，它的圖案設計往往繁複，可以有詳細的解釋。它在印度的前身爲巴里（bali），只是一種圓形的烤餅。

【十劃】

根本位（meditation）（藏文：*mnyam bzhags*；梵文：samāhita）／後得位（post-meditation）（藏文：*rjes thob*；梵文：pṛṣthalabdha）：梵文 Samāhita 事實上是動詞 samādha 的過去分詞，而 samādha 來自名詞 samādhi，因此也同樣是禪修狀態的總稱。後得位其藏文和梵文字面的意思是「後得成就」，在這裡翻譯爲「禪修後之位」，而這裡的「成就」指的是禪修的成就，所以此名相指的就是在禪修之後的時段；處於後得位時，我們透過教導和利益眾生，將禪修所成就的功德運用在日常生活當中。在西藏，它也可以解釋爲下座（座間）的證悟成就。

氣（wind）（藏文：*rlung*；梵文：vāyu）：梵文字義可以是「風」或「空氣」，甚至是「氣神」。在高階密續中，它同時可以是外在的空氣元素、氣息、風，或是流經身體促成消化、排泄等能量。透過圓滿次第的修持，這些較爲粗重的氣可以轉化爲智慧氣。

氣脈（channel）（藏文：*rtsa*；梵文：nāḍī）：一般指的是細微生理上的細微通道，猶如現代醫學的神經系統。命氣在氣脈中運行，有些密續法門在命氣上進行修證。

涅槃（藏文：*mya ngan las 'das pa*；梵文：nirvāṇa）：源自於「熄滅」，如同將燭火吹熄一般，因此有「滅」的意思，甚至有「絕滅」的意思，也就是中止生生世世的輪迴及投生之因。它的藏文意譯爲「超離苦難」。

班智達（paṇḍita）：對於學者的尊稱。

般若乘（Perfection Vehicle）（藏文：*phar phyin theg pa*；梵文：pāramitāyāna）：大乘經教傳統的別名。

【十一劃】

唯識（Mind Only）：見「唯識學派」條。

唯識學派（梵文：Cittamātra；藏文：*sems tsam*）：亦稱爲瑜伽行派，主張萬相都只是心的顯現，而且只有心爲究竟眞實。西元四世紀時，唯識學派起源於無著論師和世親論師的法教，它與中觀學派並列大乘佛法中的兩個主要學派。

密咒乘（Mantrayāna）（藏文：*gsang sngags theg pa*）：大乘佛法中的祕密乘；與密續爲同義詞。

終生戒（lifetime vows）（藏文：*gtan khrims*）：可以指居士或出家戒；在談到五戒時，通常指的是不殺、不盜、不邪淫、不妄語、不飲酒。

習氣（propensity）（藏文：*bag chags*；梵文：vāsana）：其梵文字義衍生自遺留下來的氣味，因此有痕跡或印記之意。其藏文字義有慣性行爲，甚至有直覺反應之意，例如小動物剛出生的就具有的行爲。它也可以是「種子」之意，亦即會造成某種行爲模式的潛在傾向；唯識學派甚至主張，此造成外在顯現經驗的勢能，也完全來自於自心。

處（梵文：āyatana；藏文：*skye mched*）：藏文字面意思爲「生起和增長」，梵文字義爲「基礎」或「來源」。它有多種用法，但主要指的是包含意根在內的六根感知，以及其所感知的對象。它亦可用於無色界中的不同感知狀態。

【十二劃】

勝者（conqueror）（藏文：*rgyal ba*；梵文：jina）：藏文中，通常用以指稱佛。詞源的意思爲戰勝自己的無明和缺失。

智慧尊（wisdom being）（藏文：*ye shes sems dpa'*；梵文：jñānasattva）：在本尊的修證中，智慧尊是實際的本尊，而觀想智慧尊融入自觀的本尊，可以激發行者自己即是本尊的信心。

無上瑜伽（highest yoga tantra）（藏文：*bla na med pa'i rgyud*；梵文：anuttarayogatantra）：爲西元第八世紀後開始盛行，用以指稱如《密集金剛》和《勝樂金剛》等續的名相之一。

無色界（formless realm）（藏文：*gzugs med khams*；梵文：arūpadhātu）：無色界有對應於四種禪定的四天，眾生在其中哪一種禪定狀態中死亡，便投生至與之對應的天界。

無間地獄（梵文：Avīci；藏文：*mnar med*）：最痛苦、最底層的地獄，跟其他的地獄相比，這裡面的眾生所受的痛苦更久、更深重。

菩提心（梵文：bodhicitta；藏文：*byang chub sems*）：多數用於大乘佛教中，指的是爲解脫輪迴一切眾生而成佛的發願；這種發願可以只是一種願心，也可以是實際的行動。世俗菩提心有時會與勝義菩提心相提並論，而勝義菩提心是免於一切錯誤見解的佛心。在較高的密續中，菩提心也可以是精液的一種婉轉說法。

菩薩（梵文：bodhisattva；藏文：*byang chub sems dpa'*）：理論上可用來指稱爲利益眾生、發願成佛而受持菩薩戒者，但通常是用來指稱那些已經登地者，例如本尊眾。

順世派（梵文：Cārvāka；藏文：*rgyang 'phen pa*）：一種思想學派，它否認世界由神或業力所造，以及死後的生命。

【十三劃】

奧明淨土（或譯色究竟天）（梵文：Akaniṣṭha；藏文：*'og min*）：字面的意思爲「至高無上」，它是色界最高的天，因此也就是輪迴中最高的淨土。在瑜伽密續中，它進一步被提升爲毗盧舍那佛的淨土，以及瑜伽密續的來源。在無上瑜伽密續中，它是究竟的金剛持佛的淨土，並且完全在輪迴之外。

新譯派（Sarma）（藏文：*gsar ma*）：字面意思是「新」，相對於「舊」或寧瑪（Nyingma）（藏文：*rnying* *ma*）傳承而言。新譯派指的是西元十一世紀以降傳入西藏的佛陀法教，它始於譯師仁欽・桑波（寶賢譯師）（Lotsāwa Rinchen Sangpo）的譯作。

暇滿（freedoms and wealths）（藏文：*dal 'byor*）：指的是暇滿人身，亦即免於無法學佛的八難，並具有十圓滿。其中八難爲：生在地獄、生爲餓鬼、生爲畜牲、生在長壽天、出生在佛未興世之時、生在邊地、具有邪見、諸根不具。十圓滿中有五項爲主觀條件：出生爲人、出生在有佛法之地、諸根具足、未造最重的惡業、具有信心；另外五項爲客觀條件：值佛出世、佛有傳法、法教住世、法有修眾、有師指導。

瑜伽（yoga）（藏文：*rnal 'byor*）：與英文字 yoke 同源，有「接合」之意。藏文將它翻譯爲與自然狀態（藏文：*rnal*）相「融合」（藏文：*'byor*）：它也可以翻譯爲藏文 sbyor ba，有「運用」、「修法」和「努力」等意。

瑜伽女（yoginī）（藏文：*rnal 'byor ma*）：女性行者，尤其指的是高階密續的女性行者。

瑜伽行派（Yogācāra）（藏文：*rnal sbyor spyod pa*）：見「唯識學派」條。

瑜伽部（yoga tantras）（藏文：*rnal 'byor rgyud*）：四部密續中之一；四部密續爲事部、行部、瑜伽部、無上瑜伽部。

經部（Sautrantika）（藏文：*mdo sde pa*）：字面意思爲「經典的追隨者」，此傳統反對阿毘達磨的經典地位，與有部（Vaibhāṣikas）同樣屬於說一切有部（Sarvastivāda），直至西元一千年間仍在持續發展。

聖者（梵文：ārya；藏文：*'phags pa*）：無論是哪一種佛乘，它都是對已達見道位者的尊稱。在大乘中，此稱謂與菩薩爲同義詞。

福慧資糧（accumulation of merit and wisdom）：見「二資糧」條。

【十四劃】

滴（drop）（藏文：*thig le*）：見「明點」條。

精華（quintessence）：見「明點」條。

障礙（obscuration）：見「二障」條。

【十五劃】

增益（embellishment）（藏文：*sgro btags*）：執虛爲實，亦即把某個不實的概念當成是眞的，例如「恆常」。

緣起互依（dependent origination）（藏文：*rten cing 'brel 'byung*；梵文：pratītyasamutpāda）：無有一法可獨立存在的教示。通常透過十二因緣法來予以系統化說明，一切輪迴萬法源自於其中的第一項——無明。

緣覺（pratyekabuddha）（藏文：*rang rgyal*）：無師而自覺證者，通常與聲聞（śrāvakas）相提並論，爲小乘二道之一。

論典（treatise）（藏文：*bstan bcos, śāstra*）：可以是佛教徒之著作的通稱，相對於佛親自開示的經典和續典。

餓鬼（preta）（藏文：*yi dwags*）：六道眾生之一，餓鬼遭受無盡的饑渴之苦。

【十六劃】

壇城（mandala）（藏文：*dkyil 'khor*；梵文：maṇḍala）：可以指任何的圓形或圓形的序列，但在佛教中，它最常指的是本尊的序列，中間是處於本尊宮殿的主尊。「獻曼達」是觀想以整個宇宙爲供養的一種儀式，念誦儀軌中涵蓋所觀想的供養內容。

濁世（degenerate age）（藏文：*snyigs ma'i dus*）：五濁（藏文：*snyigs ma*；梵文：kaṣāya）出現的時代。此五濁爲：命濁、眾生濁、煩惱濁、見濁，以及劫濁。

龍族（nāga）（藏文：*klu*）：龍族也有神聖的一類，它們居住在地下或水中。

【十七劃】

戲論（elaboration）（藏文：*spros pa*；梵文：prapanca）：念想離題、增生的習氣，其梵文字義爲擴散、彌漫或增多，也有冗言、造作、欺瞞之意。另一個比較容易理解的意思爲「思維概念」。

聲聞（śrāvaka）（藏文：*nyan thos*）：藏文字義爲「聽聞者」。早期佛教中，聲聞道直達解脫；菩薩不僅要從輪迴中出離，而且要成佛，爲達此誓願，必須多生多劫累積資糧。

聲聞乘（Śrāvaka Vehicle）（藏文：*nyan thos theg pa, śrāvakayāna*）：通常爲小乘的同義詞，相對於大乘佛法的菩薩乘。

薄伽梵（梵文：Bhagavān；藏文：*bcom ldan 'das*）：對於佛的尊稱。

【十八劃】

轉輪勝王（梵文：cakravartin；藏文：*'khor los sgyur ba'i rgyal po*）：權力遍廣、倍受尊崇的君王。在最早期的佛經當中，轉輪勝王爲神秘的君主，在登位時，會發動一個遊走的輪子，輪子所到之處就是所管轄的國土；而有些轉輪勝王的輪子，會遍行全世界。

【二十劃】

蘊（aggregates）（藏文：*phung po*；梵文：skandha）：指的是個人我的五種心理生理組合：色、受、想、行、識。

釋迦牟尼（Śākyamuni）（藏文：*shā kya thub pa*）：釋迦族的聖者，亦即佛陀。

【二十一劃】

魔羅（māra）（藏文：*bdud*）：梵文字面的意思爲「死亡」。早期佛經中，魔羅總在阻礙佛陀的成道和弘法。一般而言，魔羅乃是修行障礙的擬人化。

【二十五劃】

觀世音菩薩（梵文：Avalokiteśvara；藏文：*spyan ras gzigs*）：體現大慈大悲的菩薩。

橡樹林文化 ❖❖ 善知識系列 ❖❖ 書目

JB0001	狂喜之後	傑克・康菲爾德◎著	380 元
JB0002	抉擇未來	達賴喇嘛◎著	250 元
JB0003	佛性的遊戲	舒亞・達斯喇嘛◎著	300 元
JB0004	東方大日	邱陽・創巴仁波切◎著	300 元
JB0005	幸福的修煉	達賴喇嘛◎著	230 元
JB0006	與生命相約	一行禪師◎著	240 元
JB0007	森林中的法語	阿姜查◎著	320 元
JB0008	重讀釋迦牟尼	陳兵◎著	320 元
JB0009	你可以不生氣	一行禪師◎著	230 元
JB0010	禪修地圖	達賴喇嘛◎著	280 元
JB0011	你可以不怕死	一行禪師◎著	250 元
JB0012	平靜的第一堂課——觀呼吸	德寶法師 ◎著	260 元
JB0013X	正念的奇蹟	一行禪師◎著	220 元
JB0014X	觀照的奇蹟	一行禪師◎著	220 元
JB0015	阿姜查的禪修世界——戒	阿姜查◎著	220 元
JB0016	阿姜查的禪修世界——定	阿姜查◎著	250 元
JB0017	阿姜查的禪修世界——慧	阿姜查◎著	230 元
JB0018X	遠離四種執著	究給・企千仁波切◎著	280 元
JB0019X	禪者的初心	鈴木俊隆◎著	220 元
JB0020X	心的導引	薩姜・米龐仁波切◎著	240 元
JB0021X	佛陀的聖弟子傳 1	向智長老◎著	240 元
JB0022	佛陀的聖弟子傳 2	向智長老◎著	200 元
JB0023	佛陀的聖弟子傳 3	向智長老◎著	200 元
JB0024	佛陀的聖弟子傳 4	向智長老◎著	260 元
JB0025	正念的四個練習	喜戒禪師◎著	260 元
JB0026	遇見藥師佛	堪千創古仁波切◎著	270 元
JB0027	見佛殺佛	一行禪師◎著	220 元
JB0028	無常	阿姜查◎著	220 元
JB0029	覺悟勇士	邱陽・創巴仁波切◎著	230 元
JB0030	正念之道	向智長老◎著	280 元
JB0031	師父——與阿姜查共處的歲月	保羅・布里特◎著	260 元

JB0032	統御你的世界	薩姜・米龐仁波切◎著	240 元
JB0033	親近釋迦牟尼佛	髻智比丘◎著	430 元
JB0034	藏傳佛教的第一堂課	卡盧仁波切◎著	300 元
JB0035	拙火之樂	圖敦・耶喜喇嘛◎著	280 元
JB0036	心與科學的交會	亞瑟・札炯克◎著	330 元
JB0037	你可以，愛	一行禪師◎著	220 元
JB0038	專注力	B・艾倫・華勒士◎著	250 元
JB0039X	輪迴的故事	堪欽慈誠羅珠◎著	270 元
JB0040	成佛的藍圖	堪千創古仁波切◎著	270 元
JB0041	事情並非總是如此	鈴木俊隆禪師◎著	240 元
JB0042	祈禱的力量	一行禪師◎著	250 元
JB0043	培養慈悲心	圖丹・卻准◎著	320 元
JB0044	當光亮照破黑暗	達賴喇嘛◎著	300 元
JB0045	覺照在當下	優婆夷　紀・那那蓉◎著	300 元
JB0046	大手印暨觀音儀軌修法	卡盧仁波切◎著	340 元
JB0047X	蔣貢康楚閉關手冊	蔣貢康楚羅卓泰耶◎著	260 元
JB0048	開始學習禪修	凱薩琳・麥唐諾◎著	300 元
JB0049	我可以這樣改變人生	堪布慈囊仁波切◎著	250 元
JB0050	不生氣的生活	W. 伐札梅諦◎著	250 元
JB0051	智慧明光：《心經》	堪布慈囊仁波切◎著	250 元
JB0052	一心走路	一行禪師◎著	280 元
JB0054	觀世音菩薩妙明教示	堪布慈囊仁波切◎著	350 元
JB0055	世界心精華寶	貝瑪仁增仁波切◎著	280 元
JB0056	到達心靈的彼岸	堪千・阿貝仁波切◎著	220 元
JB0057	慈心禪	慈濟瓦法師◎著	230 元
JB0058	慈悲與智見	達賴喇嘛◎著	320 元
JB0059	親愛的喇嘛梭巴	喇嘛梭巴仁波切◎著	320 元
JB0060	轉心	蔣康祖古仁波切◎著	260 元
JB0061	遇見上師之後	詹杜固仁波切◎著	320 元
JB0062	白話《菩提道次第廣論》	宗喀巴大師◎著	500 元
JB0063	離死之心	竹慶本樂仁波切◎著	400 元
JB0064	生命真正的力量	一行禪師◎著	280 元
JB0065	夢瑜伽與自然光的修習	南開諾布仁波切◎著	280 元
JB0066	實證佛教導論	呂真觀◎著	500 元

JB0067	最勇敢的女性菩薩——綠度母	堪布慈囊仁波切◎著	350 元
JB0068	建設淨土——《阿彌陀經》禪解	一行禪師◎著	240 元
JB0069	接觸大地—與佛陀的親密對話	一行禪師◎著	220 元
JB0070	安住於清淨自性中	達賴喇嘛◎著	480 元
JB0071/72	菩薩行的祕密【上下冊】	佛子希瓦拉◎著	799 元
JB0073	穿越六道輪迴之旅	德洛達娃多瑪◎著	280 元
JB0074	突破修道上的唯物	邱陽・創巴仁波切◎著	320 元
JB0075	生死的幻覺	白瑪格桑仁波切◎著	380 元
JB0076	如何修觀音	堪布慈囊仁波切◎著	260 元
JB0077	死亡的藝術	波卡仁波切◎著	250 元
JB0078	見之道	根松仁波切◎著	330 元
JB0079	彩虹丹青	祖古・烏金仁波切◎著	340 元
JB0080	我的極樂大願	卓千拉貢仁波切◎著	260 元
JB0081	再捻佛語妙花	祖古・烏金仁波切◎著	250 元
JB0082	進入禪定的第一堂課	德寶法師◎著	300 元
JB0083	藏傳密續的真相	圖敦・耶喜喇嘛◎著	300 元
JB0084	鮮活的覺性	堪千創古仁波切◎著	350 元
JB0085	本智光照	遍智　吉美林巴◎著	380 元
JB0086	普賢王如來祈願文	竹慶本樂仁波切◎著	320 元
JB0087	禪林風雨	果煜法師◎著	360 元
JB0088	不依執修之佛果	敦珠林巴◎著	320 元
JB0089	本智光照—功德寶藏論　密宗分講記	遍智　吉美林巴◎著	340 元
JB0090	三主要道論	堪布慈囊仁波切◎講解	280 元
JB0091	千手千眼觀音齋戒—紐涅的修持法	汪遷仁波切◎著	400 元
JB0092	回到家，我看見真心	一行禪師◎著	220 元
JB0093	愛對了	一行禪師◎著	260 元
JB0094	追求幸福的開始：薩迦法王教你如何修行	尊勝的薩迦法王◎著	300 元
JB0095	次第花開	希阿榮博堪布◎著	350 元
JB0096	楞嚴貫心	果煜法師◎著	380 元
JB0097	心安了，路就開了： 讓《佛說四十二章經》成為你人生的指引	釋悟因◎著	320 元
JB0098	修行不入迷宮	札丘傑仁波切◎著	320 元
JB0099	看自己的心，比看電影精彩	圖敦・耶喜喇嘛◎著	280 元
JB0100	自性光明——法界寶庫論	大遍智　龍欽巴尊者◎著	480 元

JB0101	穿透《心經》：原來，你以為的只是假象	柳道成法師◎著	380 元
JB0102	直顯心之奧秘：大圓滿無二性的殊勝口訣	祖古貝瑪．里沙仁波切◎著	500 元
JB0103	一行禪師講《金剛經》	一行禪師◎著	320 元
JB0104	金錢與權力能帶給你甚麼？ 一行禪師談生命真正的快樂	一行禪師◎著	300 元
JB0105	一行禪師談正念工作的奇蹟	一行禪師◎著	280 元
JB0106	大圓滿如幻休息論	大遍智　龍欽巴尊者◎著	320 元
JB0107	覺悟者的臨終贈言：《定日百法》	帕當巴桑傑大師◎著 堪布慈囊仁波切◎講述	300 元
JB0108	放過自己：揭開我執的騙局，找回心的自在	圖敦．耶喜喇嘛◎著	280 元
JB0109	快樂來自心	喇嘛梭巴仁波切◎著	280 元
JB0110	正覺之道．佛子行廣釋	根讓仁波切◎著	550 元
JB0111	中觀勝義諦	果煜法師◎著	500 元
JB0112	觀修藥師佛——祈請藥師佛，能解決你的困頓不安，感受身心療癒的奇蹟	堪千創古仁波切◎著	450 元
JB0113	與阿姜查共處的歲月	保羅．布里特◎著	300 元
JB0114	正念的四個練習	喜戒禪師◎著	300 元
JB0115	揭開身心的奧秘：阿毗達摩怎麼說？	善戒禪師◎著	420 元
JB0116	一行禪師講《阿彌陀經》	一行禪師◎著	260 元
JB0117	一生吉祥的三十八個祕訣	四明智廣◎著	350 元
JB0118	狂智	邱陽創巴仁波切◎著	380 元
JB0119	療癒身心的十種想——兼行「止禪」與「觀禪」的實用指引，醫治無明、洞見無常的妙方	德寶法師◎著	320 元
JB0120	覺醒的明光	堪祖蘇南給稱仁波切◎著	350 元
JB0122	正念的奇蹟（電影封面紀念版）	一行禪師◎著	250 元
JB0123	一行禪師　心如一畝田：唯識 50 頌	一行禪師◎著	360 元
JB0124	一行禪師　你可以不生氣：佛陀的情緒處方	一行禪師◎著	250 元
JB0125	三句擊要： 以三句口訣直指大圓滿見地、觀修與行持	巴珠仁波切◎著	300 元
JB0126	六妙門：禪修入門與進階	果煜法師◎著	360 元
JB0127	生死的幻覺	白瑪桑格仁波切◎著	380 元
JB0128	狂野的覺醒	竹慶本樂仁波切◎著	400 元
JB0129	禪修心經——萬物顯現，卻不真實存在	堪祖蘇南給稱仁波切◎著	350 元
JB0130	頂果欽哲法王：《上師相應法》	頂果欽哲法王◎著	320 元

Wisdom Publications
199 Elm Street, Somerville, MA 02144 USA
www.wisdompubs.org

善知識系列　JB0131

大手印之心：噶舉傳承上師心要教授

The Mind of Mahamudra: Advice from the Kagyu Masters

選　篇　者／堪千創古仁波切
藏譯中者／直貢敬安仁波切
譯　　者／陳碧君
特約編輯／李驊梅
協力編輯／劉昱伶
業　　務／顏宏紋

總　編　輯／張嘉芳
出　　版／橡樹林文化
城邦文化事業股份有限公司
104 台北市民生東路二段 141 號 5 樓
電話：(02)2500-7696 ext2736　傳真：(02)2500-1951
發　　行／英屬蓋曼群島商家庭傳媒股份有限公司城邦分公司
104 台北市中山區民生東路二段 141 號 5 樓
客服服務專線：(02)25007718；25001991
24 小時傳眞專線：(02)25001990；25001991
服務時間：週一至週五上午 09:30 ～ 12:00；下午 13:30 ～ 17:00
劃撥帳號：19863813　戶名：書虫股份有限公司
讀者服務信箱：service@readingclub.com.tw
香港發行所／城邦（香港）出版集團有限公司
香港灣仔駱克道 193 號東超商業中心 1 樓
電話：(852)25086231　傳眞：(852)25789337
馬新發行所／城邦（馬新）出版集團【Cité (M) Sdn.Bhd. (458372 U)】
41, Jalan Radin Anum, Bandar Baru Sri Petaling,
57000 Kuala Lumpur, Malaysia.
電話：(603) 90563833　傳眞：(603) 90576622
Email：services@cite.com.my

封面設計／耳東惠設計
內文排版／歐陽碧智
印　　刷／韋懋實業有限公司

初版一刷／ 2019 年 04 月
初版二刷／ 2023 年 03 月
ISBN ／ 978-986-5613-93-8
定價／ 500 元

城邦讀書花園
www.cite.com.tw

國家圖書館出版品預行編目（CIP）資料

大手印之心：噶舉傳承上師心要教授 / 堪千創古仁波切選篇；直貢敬安仁波切藏譯中；陳碧君譯. -- 初版. -- 臺北市：橡樹林文化，城邦文化出版：家庭傳媒城邦分公司發行, 2019.04
面；　公分. -- (善知識系列；JB0131)
譯自：The mind of Mahamudra : advice from the Kagyu masters
ISBN 978-986-5613-93-8(平裝)

1. 藏傳佛教 2. 佛教修持

226.965　　108005231

廣 告 回 函
北區郵政管理局登記證
北 台 字 第 10158 號

郵資已付 免貼郵票

104 台北市中山區民生東路二段 141 號 5 樓

城邦文化事業股份有限公司

橡樹林出版事業部 收

請沿虛線剪下對折裝訂寄回，謝謝！

|橡|樹|林|

書名：大手印之心：噶舉傳承上師心要教授 書號：JB0131

橡樹林文化

讀者回函卡

感謝您對橡樹林出版社之支持，請將您的建議提供給我們參考與改進；請別忘了給我們一些鼓勵，我們會更加努力，出版好書與您結緣。

姓名：________________ □女 □男 生日：西元________年

Email：________________________________

● 您從何處知道此書？

□書店 □書訊 □書評 □報紙 □廣播 □網路 □廣告 DM □親友介紹

□橡樹林電子報 □其他________

● 您以何種方式購買本書？

□誠品書店 □誠品網路書店 □金石堂書店 □金石堂網路書店

□博客來網路書店 □其他________

● 您希望我們未來出版哪一種主題的書？（可複選）

□佛法生活應用 □教理 □實修法門介紹 □大師開示 □大師傳記

□佛教圖解百科 □其他________

● 您對本書的建議：

____

____

____

____

____

非常感謝您提供基本資料，基於行銷及客戶管理或其他合於營業登記項目或章程所定業務需要之目的，家庭傳媒集團（即英屬蓋曼群商家庭傳媒股份有限公司城邦分公司、城邦文化事業股分有限公司、書虫股分有限公司、墨刻出版股分有限公司、城邦原創股分有限公司）於本集團之營運期間及地區內，將不定期以 MAIL 訊息發送方式，利用您的個人資料於提供讀者產品相關之消費與活動訊息，如您有依照個資法第三條或其他需服務之業務，得致電本公司客服。

我已經完全瞭解左述內容，並同意本人資料依上述範圍內使用。

________________（簽名）

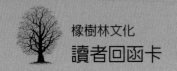

處理佛書的方式

佛書內含佛陀的法教，能令我們免於投生惡道，並且爲我們指出解脫之道。因此，我們應當對佛書恭敬，不將它放置於地上、座位或是走道上，也不應跨過。搬運佛書時，要妥善地包好、保護好。放置佛書時，應放在乾淨的高處，與其他一般的物品區分開來。

若是需要處理掉不用的佛書，就必須小心謹愼地將它們燒掉，而不是丟棄在垃圾堆當中。焚燒佛書前，最好先唸一段祈願文或是咒語，例如唵（OM）、啊（AH）、吽（HUNG），然後觀想被焚燒的佛書中的文字融入「啊」字，接著「啊」字融入你自身，之後才開始焚燒。

這些處理方式也同樣適用於佛教藝術品，以及其他宗教教法的文字記錄與藝術品。

ཡི་གེ་ཉི་ཤུ་རྩ་དྲུག་པ་འདི་དཔེ་ཆའི་ནང་དུ་བཞག་ན་དཔེ་ཆ་དེ་ཅི་འདྲར་
བགོམས་ཀྱང་ཉེས་པ་མི་འབྱུང་བར་འཇམ་དཔལ་རྩ་རྒྱུད་ལས་གསུངས་སོ།།

此咒置經書中　可滅誤跨之罪